傅思明 —— 编著

Xiangcun Zhenxing
Xiangguan Zhengce Yibentong

乡村振兴
相关政策一本通

撰稿人 ——

傅思明 王振 王威 赵子龙 郑捷

人民出版社

策划编辑：王世勇

责任编辑：王世勇

图书在版编目（CIP）数据

乡村振兴相关政策一本通 / 傅思明编著 . —北京：人民出版社，2022.7

ISBN 978-7-01-024753-3

Ⅰ.①乡… Ⅱ.①傅… Ⅲ.①农村—社会主义建设—政策—中国

Ⅳ.① F320.3

中国版本图书馆 CIP 数据核字（2022）第 074919 号

乡村振兴相关政策一本通

XIANGCUN ZHENXING XIANGGUAN ZHENGCE YIBENTONG

傅思明　编著

人民出版社 出版发行

（100706　北京市东城区隆福寺街 99 号）

三河市龙大印装有限公司印刷　新华书店经销

2022 年 7 月第 1 版　2022 年 7 月北京第 1 次印刷

开本：710 毫米 ×1000 毫米 1/16　印张：14

字数：180 千字

ISBN 978-7-01-024753-3　定价：49.80 元

邮购地址　100706　北京市东城区隆福寺街 99 号

人民东方图书销售中心　电话（010）65250042　65289539

目　　录

CONTENTS

1

前 言

农为邦本，本固邦宁。党的十八大以来，以习近平同志为核心的党中央坚持把解决好"三农"问题作为全党工作的重中之重，把脱贫攻坚作为全面建成小康社会的标志性工程，组织开展了人类历史上规模空前、力度最大、惠及人口最多的脱贫攻坚战。经过全党全国各族人民的持续奋斗，我国如期完成了新时代脱贫攻坚目标任务，近1亿农村贫困人口实现脱贫，提前10年实现了联合国2030年可持续发展议程确定的减贫目标，"三农"工作重心历史性转移到全面推进乡村振兴上来。

民族要复兴，乡村必振兴。实施乡村振兴战略，是党的十九大作出的重大决策部署，是以习近平同志为核心的党中央着眼党和国家事业全局，深刻把握现代化建设规律和城乡关系变化特征，顺应亿万农民对美好生活的向往，对"三农"工作作出的重大决策部署，是全面建设社会主义现代化国家的重大历史任务，是新时代做好"三农"工作的总抓手。按照党的十九大提出的决胜全面建成小康社会、分两个阶段实现第二个百年奋斗目标的战略安排，实施乡村振兴战略的目标任务是：到 2020 年，乡村振兴取得重要进展，制度框架和政策体系基本形成。农业综合生产能力稳步提升，农业供给体系质量明显提高，农村一二三产业融合发展水平进一步提升；农民增收渠道进一步拓宽，城乡居民生活水平差距持续缩小；现行标准下农村贫困人口实现脱贫，贫困县全部摘帽，解决区域性整体贫困；农村基础设施建设深入推进，农村人居环境明显改善，美丽宜居乡村建设扎实推进；城乡基本公共服务均等化水平进一步提高，城乡融合发展体制机制初步建立；农村对人才吸引力逐步增强；农村生态环境明显好转，农业生态服务能力进一步提高；以党组织为核心的农村基层组织建设进一步加强，乡村治理体系进一步完善；党的农村工作领导体制机制进一步健全；各地区各部门推进乡村振兴的思路举措得以确立。到 2035 年，乡村振兴取得决定性进展，农业农村现代化基本实现。农业结构得到根本性改善，农民就业质量显著提高，相对贫困进一步缓解，共同富裕迈出坚实步伐；城乡基本公共服务均等化基本实现，城乡融合发展体制机制更加完善；乡风文明达到新高度，乡村治理体系更加完善；农村生态环境根本好转，美丽宜居乡村基本实现。到 2050 年，乡村全面振兴，农业强、农村美、农民富全面实现。

实施乡村振兴战略，是解决人民日益增长的美好生活需要和不平衡不充分的发展之间矛盾的必然要求，是实现"两个一百年"奋斗目标的必然要求，是实现全体人民共同富裕的必然要求。"三农"问题是关系国计民生的根本性问题。没有农业农村的现代化，就没有国家的现代化。当前，我国发展不平衡不充分问题在乡村最为突出，主要表现在：农产品阶段性供过于求和供给不足并存，农业供给质量亟待提高；农民适应生产力发展和市场竞争的能力不足，新型职业农民队伍建设亟须加强；农村基础设施和民生领域欠账较多，农村环境和生态问题比较突出，乡村发展整体水平亟待提升；国家支农体系相对薄弱，农村金融改革任务繁重，城乡之间要素合理流动机制亟待健全；农村基层党建存在薄弱环节，乡村治理体系和治理能力亟待强化。

在中国特色社会主义新时代，乡村是一个可以大有作为的广阔天地，迎来了难得的发展机遇。我们有党的领导的政治优势，有社会主义的制度优势，有亿万农民的创造精神，有强大的经济实力支撑，有历史悠久的农耕文明，有旺盛的市场需求，完全有条件有能力实施乡村振兴战略。必须立足国情农情，顺势而为，切实增强责任感使命感紧迫感，举全党全国全社会之力，以更大的决心、更明确的目标、更有力的举措，推动农业全面升级、农村全面进步、农民全面发展，谱写新时代乡村振兴新篇章。

乡村振兴的前提是巩固脱贫攻坚成果。我们要清醒地看到，相当一部分脱贫群众基本生活有了保障，但收入水平仍然不高，脱贫的基础还比较脆弱，防止返贫的任务还很重。这就要求我们做好巩固拓展脱贫攻坚成果同乡村振兴有效衔接这篇大文章，加快推进农业农村现代化，坚持藏粮于地、藏粮于技，确保把中国人的饭碗牢牢端在自己手中。扎实有序推进乡村发展、乡村建设、乡村治理等重点工作，确保脱贫群众不发生规模性返贫，切实维护和巩固脱贫攻坚战的伟大成就。同时，聚焦产业促进乡村发展，让农民更多分享产业增值收益。加强乡村普惠性、基础性、兜底性民生建设，大力加强农村精神文明建设，让脱贫群众的生活更上一层楼。

实施乡村振兴战略，要全面深化农业农村改革。解决农业农村发展面临的各种矛盾和问题，根本要靠全面深化改革。新形势下全面深化农村改革，主线仍然是处理好农民和土地的关系。最大的政策，就是必须坚持和完善农村基本经营制度，坚持农村土地集体所有，坚持家庭经营基础性地位，坚持稳定土地承包关系。要抓紧落实土地承包经营权登记制度，真正让农民吃上"定心丸"。要深化农村改革，加快推进农村重点领域和关键环节改革，激发农村资源要素活力，完善农业支持保护制度，尊重基层和群众创造，推动改革不断取得新突破。

"产业兴旺"是解决农村一切问题的前提。实施乡村振兴战略，要加快发展乡村产业，顺应产业发展规律，立足当地特色资源，推动乡村产业发展壮大，优化产业布局，完善利益联结机制，让农民更多分享产业增值收益。要把群众受益摆在突出位置，从产业扶持、金融信贷、农业保险等方面出台政策，为农村经济发展提供有力支持。《中共中央国务院关于做好二〇二二年全面推进乡村振兴重点工作的意见》（2022年中央一号文件）对聚焦产业促进乡村发展提出了明确要求，一是持续推进农村一二三产业融合发展。要在做优做强种养业的基础上，积极拓展农业的多种功能，挖掘乡村的多元价值，重点发展农产品加工、乡村休闲旅游、农村电商三大乡村产业。在纵向上，要打造农业的全产业链，推动产业向后端延伸，向下游拓展，由卖"原字号"向卖品牌产品转变，推动产品增值、产业增效；在横向上，要促进农业与休闲、旅游、康养、生态、文化、养老等产业深度融合，丰富乡村产业的类型，提升乡村经济价值。二是大力发展县域富民产业。大力发展县域范围内比较优势明显、带动农业农村能力强、就业容量大的产业，推动形成"一县一业"发展格局，要立足统筹县域富民产业发展，科学布局生产、加工、销售、消费等环节，宜县则县、宜乡则乡、宜村则村，形成县域、乡镇、中心村分工合理的产业空间布局。同时，发挥各类产业园区平台带动作用，引导农产品加工业更多向县域、主产区转移，打造城乡联动的优势特色产业集群。三是促进农民就地就近就业创业。要鼓励工商资本到乡村投资兴业，发挥资金、技术、管理、品牌等方面的优势，完善利益联结机制，带动农民一起干、一起赚，形成产业链优势互补、分工合作的格局；鼓励各类农业社会化服务组织开展订单农业、加工物流、产品营销等社会化服务，让农民更多分享产业增值收益。

实施乡村振兴战略，要加强乡村建设。2022 年 5 月印发的《乡村建设行动实施方案》指出，乡村建设是实施乡村振兴战略的重要任务，也是国家现代化建设的重要内容。要把乡村建设摆在社会主义现代化建设的重要位置，顺应农民群众对美好生活的向往，以普惠性、基础性、兜底性民生建设为重点，强化规划引领，统筹资源要素，动员各方力量，加强农村基础设施和公共服务体系建设，建立自下而上、村民自治、农民参与的实施机制，既尽力而为又量力而行，求好不求快，干一件成一件，努力让农村具备更好生活条件，建设宜居宜业美丽乡村。

实施乡村振兴战略，要加强乡村社会主义精神文明建设。要推动乡村文化振兴，加强农村思想道德建设和公共文化建设，弘扬和践行社会主义核心价值观，深入挖掘优秀传统农耕文化蕴含的思想观念、人文精神、道德规范，培育挖掘乡土文化人才，弘扬主旋律和社会正气，推动形成文明乡风、良好家风、淳朴民风，提升农民精神风貌，提高乡村社会文明程度，焕发乡村文明新气象。

实施乡村振兴战略，要加强乡村生态文明建设。生态兴则文明兴，生态衰则文明衰。如果不能科学地处理好发展和生态的关系，不能在乡村振兴中加强对乡村生态环境的保护，诸如能源紧缺、资源短缺、生态退化、环境恶化、气候变化都将接踵而来。实施乡村振兴战略，必须坚定不移贯彻落实绿水青山就是金山银山的理念，保持战略定力，以钉钉子精神推进农业面源污染防治，加强土壤污染、地下水超采、水土流失等治理和修复，勠力同心，建设望得见青山、看得见绿水、记得住乡愁的美丽乡村。

实施乡村振兴战略，要推动城乡融合发展见实效。要把乡村振兴战略这篇大文章做好，必须走城乡融合发展之路。我国一开始就没有提城市化，而是提城镇化，目的就是促进城乡融合。要向改革要动力，加快建立健全城乡融合发展体制机制和政策体系。要健全多元投入保障机制，增加对农业农村基础设施建设投入，加快城乡基础设施互联互通，推动人才、土地、资本等要素在城乡间双向流动。要建立健全城乡基本公共服务均等化的体制机制，推动公共服务向农村延伸、社会事业向农村覆盖。要深化户籍制度改革，强化常住人口基本公共服务，维护进城落户农民的土地承包权、宅基地使用权、集体收益分配权，加快农业转移人口市民化。

实施乡村振兴战略，要加强和改进乡村治理。要夯实乡村治理这个根基。采取切实有效措施，强化农村基层党组织领导作用，选好配强农村党组织书记，整顿软弱涣散村党组织，深化村民自治实践，加强村级权力有效监督。要加强和改进乡村治理，加快构建党组织领导的乡村治理体系，深入推进平安乡村建设，创新乡村治理方式，提高乡村善治水平。

习近平总书记强调，全面实施乡村振兴战略的深度、广度、难度都不亚于脱贫攻坚，必须加强顶层设计，以更有力的举措、汇聚更强大的力量来推进。以《乡村振兴促进法》为代表的一系列政策法规将党中央、国务院关于乡村振兴的重大决策部署和各地行之有效的实践经验法定化、制度化，对产业发展、人才支撑、文化繁荣、生态保护、组织建设等乡村振兴重点任务作出了全方位的规定，既指明了鼓励倡导的方向路径，又划出了禁止限制的底线红线，为尊重农民主体、坚持因地制宜、保持历史耐心，确保乡村振兴不走偏不走样提供了重要依据，有利于保持政策的连续性和稳定性，举全党全社会之力推进乡村振兴，为新阶段促进农业高质高效、乡村宜居宜业、农民富裕富足提供有力法治保障。

本书根据党的十八大以来有关乡村振兴的政策法规，围绕乡村振兴的战略谋划和主要领域，进行了比较全面的梳理和阐述，有助于基层干部学习和领会党和国家制定的有关乡村振兴的政策法规。本书由傅思明组织编写，参加编写的撰稿人（按姓氏笔画排序）有：王振、王威、赵子龙、郑捷、傅思明。在写作过程中参考了国内专家、学者等撰写的相关著作，在此表示衷心的感谢。如有不当之处，恳请批评指正。

编　者

第 一 章

全面推进
乡村振兴

. . . .

　　民族要复兴，乡村必振兴。中华民族的伟大复兴立足于中国共产党领导和谋划的"五位一体"总体布局和"四个全面"战略布局，是全方位、全领域、全过程参与世界范围内的复兴，是依靠自己的努力屹立于世界民族之林的复兴。在民族复兴进程中，乡村振兴处于关键方位，属于关键领域，贯穿中华民族伟大复兴的全过程。

　　"三农"问题是关系国计民生的根本性问题，作为一个传统的农业大国，"三农"问题自古以来就是国家治理施政的重中之重。截至2022年，我国已经连续19次将"三农"问题作为中央一号文件发布施行，这一举动已然成为工作惯例，充分体现了党和政府对"三农"问题的高度重视。近年来，中共中央、国务院更是从全面建设社会主义现代化国家全局性、历史性角度，将"乡村振兴"作为"三农"工作的核心主题在中央一号文件中加以突出。乡村振兴战略建立在脱贫攻坚取得伟大胜利的基础之上，是中国特色社会主义新时代背景之下党和政府对"三农"问题提出的新要求，指出的新方向，致力于破除传统城乡发展的二元结构，支持、引导"五位一体"总体布局和"四个全面"战略布局在乡村统筹推进，从全局性、战略性高度将乡村发展融入国家经济、政治、文化、社会、生态文明整体建设，全面建设社会主义现代化国家，推进农业农村现代化；全面深化改革，解决城乡"长短脚"发展问题；全面推进依法治国，做到乡村振兴、法治先行，乡村振兴、法治同行，乡村振兴、法治保障；全面加强党的领导、加强乡村组织建设。

一、实施乡村振兴战略的重大意义

实施乡村振兴战略，是中国共产党对"三农"问题进行研判之后作出的伟大决策，它意味着我们党在"三农"工作上的重大战略转型。如果说脱贫攻坚战解决了乡村的"生存"问题，那么"三农"工作历史性地转向全面推进乡村振兴，则是要着力解决乡村的"发展"问题，关注和解决乡村"活得好不好"的问题，努力实现"活得跟城市一样好"的目标，让中国建设和改革的成果惠及全国人民。启动实施乡村振兴战略，在中华民族伟大复兴的历史进程中，具有特殊的时代价值和重大意义。

（一）实施乡村振兴战略是新时代"三农"工作的总抓手

"三农"工作任务最繁重最复杂，但同时又是最基础最重要的。在中国共产党的领导下，中国打赢了脱贫攻坚战，实现了人类历史上从未有过的壮举，消除了绝对贫困。在取得了脱贫攻坚伟大胜利之后，中国乡村面临如何巩固拓展脱贫攻坚成果，推进解决接下来的"发展"

问题。

长期以来,在城乡二元结构体制之下,城乡发展不平衡,乡村发展不充分的矛盾尤其突出。虽然随着我国经济发展水平的提高,城市化率逐步增长,但作为一个传统的农业大国,"三农"问题仍然覆盖了相当大的一部分国土,关系着相当多的一部分人口,关涉到相当多的一部分产业。中国共产党人始终不忘初心和使命,始终把每一个群众的切身利益放在第一位,认识到农民应当同其他社会主义的劳动者、建设者、拥护者一道,共享国家改革发展成果,让农民随着国家的发展、社会的进步,同样获得满足感、幸福感、安全感。

乡村振兴战略是新时代"三农"工作的总抓手,既能巩固拓展好乡村脱贫攻坚的丰硕战果,又能以"乡村振兴"为联结点,与中国特色社会主义事业"五位一体"总体布局和"四个全面"战略布局形成对接,配合国家治理重心的下移,对于实现国家治理体系和治理能力现代化,实现全体人民共同富裕,推动农业全面升级、农村全面进步、农民全面发展具有重大战略意义。

(二)农业农村现代化是实施乡村振兴战略的总目标

在解决"三农"问题上,要注重和注意整体与部分、全面系统与重点突出的关系。从整体与部分的角度出发,乡村振兴如果抛开了"五位一体"总体布局就称不上科学,"四个全面"战略布局如果排除了乡村就称不上全面。早在 2017 年,党的十九大报告就已经详细描绘了2020 年我国全面建成小康社会之后,开启全面建设社会主义现代化国家的宏伟蓝图。现如今,我们已经如期打赢脱贫攻坚战,全面建设社会主义现代化国家的宏伟征程已经全面开启,实现农业农村现代化自然也列入了国家的议事日程。没有农业农村的现代化，就没有国家的现代化。

从全面系统与重点突出的角度出发，农业农村的现代化既是对长期以来城乡二元结构之下城市优先发展，乡村发展相对落后的结构性完善与补充，同时又重点突出了今后国家现代化建设的重心。长期以来，农业农村的现代化依赖城市的现代化建设，依赖城市的"反哺"，自主能力差，物质生活水平低，可动员和调动的资源相对较少。农业农村的现代化主要依靠城市化的推进，通过由农村向城市的二元跨越来实现农业农村的现代化。在现代化进程中，这种发展模式的确在提高城镇化率、提升农业农村经济发展水平方面起到了一定的作用。

然而，从新时代背景之下实现国家治理体系和治理能力现代化的立场上考虑，由乡村向城市的二元跨越的现代化推进模式在加快城镇化、提升城镇化率的同时，也在以乡村的自我牺牲为代价，消减了农业农村的有生力量。在此背景之下，由乡村向城市的二元跨越的现代化建设模式显然已经不再适用。因而，要注意总结农业农村在现代化建设中的诸如在农业结构和农产品供给质量以及农村基础设施、公共服务、社会治理等方面存在的突出问题，在集中力量解决上述问题的过程中，实现农业农村现代化。

2022年中央一号文件指出，从容应对百年变局和世纪疫情，推动经济社会平稳健康发展，必须着眼国家重大战略需要，稳住农业基本盘、做好"三农"工作，接续全面推进乡村振兴，确保农业稳产增产、农民稳步增收、农村稳定安宁。2022年中央一号文件突出年度性任务、针对性举措、实效性导向，部署了2022年全面推进乡村振兴的重点工作，明确了两条底线任务：保障国家粮食安全和不发生规模性返贫；

提出三方面重点工作：乡村发展、乡村建设、乡村治理；强调推动实现"两新"：乡村振兴取得新进展、农业农村现代化迈出新步伐。

（三）实施乡村振兴战略是关系全面建设社会主义现代化国家的全局性、历史性任务

没有农业农村的现代化，就没有整个国家的现代化。乡村发展是目前国家发展的薄弱环节，是经济发展的短板，乡村振兴是否能够实现关系全面建设社会主义现代化国家的全局。从"木桶原理"的角度来看，乡村振兴关系社会主义现代化建设能够在多大程度上实现人民群众对美好生活的向往。全国脱贫攻坚工作取得了伟大胜利，中国人民在中国共产党的领导下已经实现全部脱贫，消除了绝对贫困，不用再在生存线上挣扎。如何确保脱贫群众不返贫，如何引导群众在解决了温饱问题之后，能够开始追求更加富足有质量的新生活，是中国共产党新的历史任务。

2021年2月25日，习近平总书记在全国脱贫攻坚总结表彰大会上指出："乡村振兴是实现中华民族伟大复兴的一项重大任务。要围绕立足新发展阶段、贯彻新发展理念、构建新发展格局带来的新形势、提出的新要求，坚持把解决好'三农'问题作为全党工作重中之重，坚持农业农村优先发展，走中国特色社会主义乡村振兴道路，持续缩小城乡区域发展差距，让低收入人口和欠发达地区共享发展成果，在现代化进程中不掉队、赶上来。"温饱问题、生存问题从本质上讲是事实问题、基本需求，而乡村振兴战略要着力解决中国乡村的发展问题，从本质上属于价值问题、高级需求。

面对新的历史任务，我们不仅要明确下一步的重点工作，还应凝

聚国家、城市、乡村的基本共识，达成一致的奋斗目标。这就是完善政策体系、工作体系、制度体系，以更有力的举措、汇聚更强大的力量，加快农业农村现代化步伐，促进农业高质高效、乡村宜居宜业、农民富裕富足。补齐农业农村短板弱项，推动城乡协调发展；构建新发展格局，潜力后劲在"三农"，迫切需要扩大农村需求，畅通城乡经济循环；应对国内外各种风险挑战，基础支撑在"三农"，迫切需要稳住农业基本盘，守好"三农"基础。全面实施乡村振兴战略，是解决新时代我国社会主要矛盾、实现第二个百年奋斗目标和中华民族伟大复兴的中国梦的必然要求，具有重大现实意义和深远历史意义，必须进一步提高认识，切实增强促进乡村全面振兴的责任感、使命感、紧迫感，坚决完成这个关系全面建设社会主义现代化国家的全局性、历史性任务。

二、乡村振兴战略的总要求和指导思想

习近平总书记鲜明提出了全面推进乡村振兴战略的目标和方向，指出农业农村现代化是实施乡村振兴战略的总目标。乡村振兴战略实施得好，不仅可以为整个国家现代化提供一个稳定有力的支撑，而且伴随着国家治理重心的下移、政策的倾斜、资金的投入、技术的支持，乡村发展极有可能成为国家发展的又一强有力的引擎。因而，要坚持把解决好"三农"问题作为全党工作重中之重，举全党全国全社会之力推动乡村振兴，促进农业高质高效、乡村宜居宜业、农民富裕富足。

（一）总要求

党的十九大报告指出，实施乡村振兴战略，要坚持农业农村优先发展，按照产业兴旺、生态宜居、乡风文明、治理有效、生活富裕的总要求，建立健全城乡融合发展体制机制和政策体系，加快推进农业农村现代化。这就深刻点明了乡村振兴战略的丰富内涵。乡村振兴战略总要求的提出一方面是对 21 世纪初党中央提出的"生产发展、生活宽裕、乡风文明、村容整洁、管理民主"的社会主义新农村建设的要求顺应时代作出的优化升级，另一方面也是"五位一体"总体布局在乡村振兴工作的具体展开。

"五位一体"总体布局为乡村振兴战略的具体推进提供了工作思路，指明了工作重点。具体来说，在经济方面，从"生产发展"到"产业兴旺"，反映了农业农村经济适应市场需求变化、加快优化升级、促进产业融合的新要求；在政治层面，治理有效，是乡村振兴的重要保障，从"管理民主"到"治理有效"，是要推进乡村治理能力和治理水平现代化，让农村既充满活力又和谐有序；在文化层面，乡风文明，是乡村振兴的紧迫任务，重点是弘扬社会主义核心价值观，保护和传承农村优秀传统文化，加强农村公共文化建设，开展移风易俗，改善农民精神风貌，提高乡村社会文明程度；在社会层面，生活富裕，是乡村振兴的主要目的，从"生活宽裕"到"生活富裕"，反映了广大农民群众日益增长的美好生活需要；在生态文明层面，生态宜居，是乡村振兴的内在要求，从"村容整洁"到"生态宜居"，反映了农村生态文明建设质的提升，体现了广大农民群众对建设美丽家园的追求。

由此可见，乡村振兴是包括产业振兴、人才振兴、文化振兴、生态振兴、组织振兴的全面振兴，是"五位一体"总体布局、"四个全面"战略布局在"三农"工作中的具体体现，同时要注意将党的建设融入其中，保证党始终发挥总揽全局、协调各方的领导核心作用，促进农业全面升级、农村全面进步、农民全面发展。

（二）指导思想

1. 坚持中国共产党的领导

党中央多次提出要加强党对"三农"工作的全面领导。2022 年中央一号文件提出，"从容应对百年变局和世纪疫情，推动经济社会平稳健康发展，必须着眼国家重大战略需要，稳住农业基本盘、做好'三农'工作，接续全面推进乡村振兴，确保农业稳产增产、农民稳步增收、农村稳定安宁"。作为新时代"三农"工作总抓手，我们在实施乡村振兴战略时必须把坚持党的领导作为最根本的指导思想，保证党的路线方针政策在乡村振兴工作中得到全面贯彻和有效执行，是坚持党始终作为总揽全局、协调各方的领导核心的题中应有之义。

2. 贯彻创新、协调、绿色、开放、共享新发展理念

目前，我国已进入开启全面建设社会主义现代化国家新征程、向第二个百年奋斗目标进军的新发展阶段。全面推进乡村振兴是实现中华民族伟大复兴的一项重大任务，站在新的历史起点上推动实现乡村全面振兴，必须准确把握新发展阶段，深入贯彻新发展理念，加快构建新发展格局，推动"十四五"时期高质量发展，确保全面建设社会主义现代化国家开好局、起好步。

其中，创新发展注重的是解决发展动力问题，协调发展注重的是解决发展不平衡问题，绿色发展注重的是解决人与自然和谐问题，开放发展注重的是解决发展内外联动问题，共享发展注重的是解决社会公平正义问题。新发展理念是对以往发展问题、发展难题的破题之举。为此，《乡村振兴促进法》把贯彻新发展理念作为指导思想之一。

3. 走中国特色社会主义乡村振兴道路

走中国特色社会主义乡村振兴道路，让农业成为有奔头的产业，让农民成为有吸引力的职业，让农村成为安居乐业的美丽家园。如果乡村振兴战略实施进展顺利，"三农"问题就不再是制约国家发展的弱项、短板，将一跃成为完善我国产业布局，提升国民经济增长的又一重要发展引擎。我国乡村振兴道路怎么走，只能靠我们自己去探索。走中国特色社会主义乡村振兴道路，要做好以下几个方面的工作。

一是巩固拓展脱贫攻坚成果同乡村振兴有效衔接，把脱贫攻坚中磨炼锻造的坚强有力的工作队伍、高效务实的工作机制、精准有效的工作办法等运用到全面推进乡村振兴上来，建立健全上下贯通、各司其职、一抓到底的乡村振兴工作体系。

二是立足我国人多地少的国情和农村基本经营制度，坚持农村土地集体所有，坚持家庭经营基础性地位，坚持稳定土地承包关系，完善农村产权制度，健全农村要素市场化配置机制。

三是加强和创新乡村治理体系，健全党委领导、政府负责、社会协同、公众参与、法治保障、科技支撑的现代乡村社会治理体制，健全自治、法治、德治相结合的乡村社会治理体系，使乡村社会既充满活力又和谐有序。

四是重塑城乡关系，走城乡融合发展之路。要坚持以工补农、以城带乡，推动形成工农互促、城乡互补、协调发展、共同繁荣的新型工农城乡关系。

4. 促进共同富裕

党的十九大报告指出，新时代是全国各族人民团结奋斗、不断创造美好生活、逐步实现全体人民共同富裕的时代。"为中国人民谋幸福，为中华民族谋复兴"是中国共产党人的初心和使命。实现共同富裕、让改革发展成果惠及全体人民正是中国共产党人"不忘初心、牢记使命"之举。2017 年中央农村工作会议指出："实施乡村振兴战略，是解决人民日益增长的美好生活需要和不平衡不充分的发展之间矛盾的必然要求，是实现'两个一百年'奋斗目标的必然要求，是实现全体人民共同富裕的必然要求。"为此，《乡村振兴促进法》把促进共同富裕也作为全面实施乡村振兴战略的指导思想之一。

三、乡村振兴战略应当把握的重要原则

（一）坚持农业农村优先发展

党的十九大提出实施乡村振兴战略，强调要坚持农业农村优先发展。2018 年中央一号文件（《中共中央 国务院关于实施乡村振兴战略的意见》）提出："把实现乡村振兴作为全党的共同意志、共同行动，做到认识统一、步调一致，在干部配备上优先考虑，在要素配置上优先满足，在资金投入上优先保障，在公共服务上优先安排，加快补齐农业农村短板。"2019 年中央一号文件（《中共中央 国务院关于坚持农业农村优先发展做好"三农"工作的若干意见》）以"坚持农业农村优先发展做好'三农'工作"为主题，提出要坚持农业农村优先发展总方针，全面推进乡村振兴。同时强调，各级党委和政府必须把落实"四

个优先"（即实施乡村振兴战略，在干部配备上优先考虑，在要素配置上优先满足，在资金投入上优先保障，在公共服务上优先安排）的要求作为做好"三农"工作的头等大事，扛在肩上、抓在手上，同政绩考核联系到一起，层层落实责任。

《乡村振兴促进法》贯彻落实党中央的明确要求，把坚持农业农村优先发展作为全面实施乡村振兴战略的重要原则之一。"四个优先"有利于加强党对"三农"工作的集中统一领导，健全城乡要素合理流动体制机制，加大公共财政对乡村的支持力度，补齐乡村的基础设施建设短板，是针对农业农村发展的难点、痛点作出的优先部署。同时，坚持农业农村优先发展，也要坚持尽力而为、量力而行，不能超越发展阶段，不能提脱离实际的目标，更不能搞形式主义和"形象工程"。

（二）坚持农民主体地位

坚持人民主体地位是马克思主义及其政党的本质要求，乡村的主体是农民，乡村振兴的出发点和落脚点是农民，要想实现乡村振兴，就必须坚持农民主体地位。2018年中央一号文件提出："充分尊重农民意愿，切实发挥农民在乡村振兴中的主体作用，调动亿万农民的积极性、主动性、创造性，把维护农民群众根本利益、促进农民共同富裕作为出发点和落脚点，促进农民持续增收，不断提升农民的获得感、幸福感、安全感。"2019年中央一号文件提出："发挥好农民主体作用。加强制度建设、政策激励、教育引导，把发动群众、组织群众、服务群众贯穿乡村振兴全过程，充分尊重农民意愿，弘扬自力更生、艰苦奋斗精神，激发和调动农民群众积极性主动性。"

《乡村振兴促进法》坚持以人民为中心的发展思想，将坚持农民主体地位，充分尊重农民意愿，保障农民民主权利和其他合法权益，调动农民的积极性、主动性、创造性，维护农民根本利益作为全面实施乡村振兴战略的基本原则之一，真正使农民成为乡村振兴的参与者、支持者和受益者。

（三）坚持人与自然和谐共生

坚持人与自然和谐共生，走乡村绿色发展之路，让良好生态成为乡村振兴的支撑点。党的十九大报告指出，人与自然是生命共同体，人类必须尊重自然、顺应自然、保护自然。同时强调，生态文明建设功在当代、利在千秋。我们要牢固树立社会主义生态文明观，推动形成人与自然和谐发展现代化建设新格局。习近平生态文明思想强调，新时代推进生态文明建设必须把握"坚持人与自然和谐共生""绿水青山就是金山银山""良好生态环境是最普惠的民生福祉""山水林田湖草是生命共同体""用最严格制度最严密法治保护生态环境"等。

《乡村振兴促进法》将坚持人与自然和谐共生，统筹山水林田湖草沙系统治理，推动绿色发展，推进生态文明建设作为全面实施乡村振兴战略的基本原则之一。

（四）坚持改革创新

党的十九大报告提出要坚定实施创新驱动发展战略，强调要坚持解放和发展社会生产力，坚持社会主义市场经济改革方向，提出要深化供给侧结构性改革、加快建设创新型国家。2018 年 9 月 21 日，习近平总书记在十九届中共中央政治局第八次集体学习时指出，在实施乡村振兴战略中要注意处理好充分发挥市场决定性作用和更好发挥政府作用的关系，要进一步解放思想，推进新一轮农村改革。要从农业农村发展深层次矛盾出发，聚焦农民和土地的关系、农民和集体的关系、农民和市民的关系，推进农村产权明晰化、农村要素市场化、农业支持高效化、乡村治理现代化，提高组织化程度，激活乡村振兴内生动力。要以市场需求为导向，深化农业供给侧结构性改革，不断提高农业综合效益和竞争力。要优化农村创新创业环境，放开搞活农村经济，培育乡村发展新动能。

《乡村振兴促进法》将坚持改革创新，充分发挥市场在资源配置中的决定性作用，更好发挥政府作用，推进农业供给侧结构性改革和高质量发展，不断解放和发展乡村社会生产力，激发农村发展活力作为全面实施乡村振兴战略的基本原则之一。要特别注意的是，农村改革不论怎么改，都必须坚守社会主义国家的政治、经济体制，坚守维护农民利益的底线，决不能犯颠覆性错误。

（五）坚持因地制宜、规划先行、循序渐进

马克思主义启示我们既不能违反事物发展的一般规律，尊重事物的普遍性，又要重视事物的特殊性。城市发展的同质化问题也同样启示我们，在全面推进乡村振兴的进程当中，应顺应乡村发展规律，根据乡村的历史文化、发展现状、区位条件、资源禀赋、产业基础分类推进。2018年9月，习近平总书记在十九届中共中央政治局第八次集体学习时指出，在实施乡村振兴战略中要注意处理好顶层设计和基层探索的关系。党中央已经明确了乡村振兴的顶层设计，各地要解决好政策落地问题，制定出符合自身实际的实施方案。

编制乡村规划不能简单照搬城镇规划，更不能搞一个模子套到底。

要科学把握乡村的差异性，因村制宜，精准施策，打造各具特色的现代版"富春山居图"。要发挥亿万农民的主体作用和首创精神，调动农民的积极性、主动性、创造性，并善于总结基层的实践创造，不断完善顶层设计。2018 年中央一号文件提出："科学把握乡村的差异性和发展走势分化特征，做好顶层设计，注重规划先行、突出重点、分类施策、典型引路。既尽力而为，又量力而行，不搞层层加码，不搞一刀切，不搞形式主义，久久为功，扎实推进。"此外，还要注意循序渐进、尊重客观规律，处理好长期目标和短期目标的关系，切忌贪大求快、刮风搞运动，防止走弯路、翻烧饼。

《乡村振兴促进法》将坚持因地制宜、规划先行、循序渐进，顺应村庄发展规律，根据乡村的历史文化、发展现状、区位条件、资源禀赋、产业基础分类推进作为全面实施乡村振兴战略的基本原则之一。

四、乡村振兴的发展目标和远景谋划

2018 年 9 月，中共中央、国务院印发《乡村振兴战略规划（2018—2022 年）》，以五年规划的方式，提出了 22 项主要指标和 7 个方面 59 项重点任务，部署了 82 项重大工程、重大计划、重大行动，为全面推进乡村振兴战略提供了行动指南，描绘了乡村振兴的宏伟蓝图。

（一）发展目标

《乡村振兴战略规划（2018—2022 年）》明确了乡村振兴到 2022 年的发展目标，即到 2020 年，乡村振兴的制度框架和政策体系基本形成，各地区各部门乡村振兴的思路举措得以确立，全面建成小康社会的目标如期实现。到 2022 年，乡村振兴的制度框架和政策体系初步健全。国家粮食安全保障水平进一步提高，现代农业体系初步构建，农业绿色发展全面推进；农村一二三产业融合发展格局初步形成，乡村产业加快发展，农民收入水平进一步提高，脱贫攻坚成果得到进一步巩固；农村基础设施条件持续改善，城乡统一的社会保障制度体系基本建立；农村人居环境显著改善，生态宜居的美丽乡村建设扎实推进；城乡融合发展体制机制初步建立，农村基本公共服务水平进一步提升；乡村优秀传统文化得以传承和发展，农民精神文化生活需求基本得到满足；以党组织为核心的农村基层组织建设明显加强，乡村治理能力进一步提升，现代乡村治理体系初步构建。探索形成一批各具特色的乡村振兴模式和经验，乡村振兴取得阶段性成果。

（二）远景谋划

《乡村振兴战略规划（2018—2022 年）》还对乡村振兴的远景目标作了谋划，即到 2035 年，乡村振兴取得决定性进展，农业农村现代化基本实现。农业结构得到根本性改善，农民就业质量显著提高，相对贫困进一步缓解，共同富裕迈出坚实步伐；城乡基本公共服务均等化基本实现，城乡融合发展体制机制更加完善；乡风文明达到新高度，乡村治理体系更加完善；农村生态环境根本好转，生态宜居的美丽乡村基本实现。到 2050 年，乡村全面振兴，农业强、农村美、农民富全面实现。

（三）构建乡村振兴新格局

《乡村振兴战略规划（2018—2022 年）》明确了乡村振兴新格局的

总体思路、重点任务和具体要求。

1. 总体思路

《乡村振兴战略规划（2018—2022年）》指出，坚持乡村振兴和新型城镇化双轮驱动，并从城乡融合发展和优化乡村内部生产生活生态空间两个方面，明确了国家经济社会发展过程中乡村的新定位，提出了重塑城乡关系、促进农村全面进步的新路径和新要求：一是统筹城乡发展空间，加快形成城乡融合发展的空间格局；二是优化乡村发展布局，坚持人口资源环境相均衡、经济社会生态效益相统一，延续人与自然有机融合的乡村空间关系；三是完善城乡融合发展政策体系，推动城乡要素自由流动、平等交换，为乡村振兴注入新动能；四是把打好精准脱贫攻坚战作为优先任务，把提高脱贫质量放在首位，推动脱贫攻坚与乡村振兴有机结合、相互促进。

2. 重点任务

按照产业兴旺、生态宜居、乡风文明、治理有效、生活富裕的总要求，《乡村振兴战略规划（2018—2022年）》明确了阶段性重点任务。

一是以农业供给侧结构性改革为主线，促进乡村产业兴旺。坚持质量兴农、品牌强农，构建现代农业产业体系、生产体系、经营体系，推动乡村产业振兴。

二是以牢固树立和践行绿水青山就是金山银山的理念为遵循，促进乡村生态宜居。统筹山水林田湖草沙系统治理，加快转变生产生活方式，推动乡村生态振兴。

三是以社会主义核心价值观为引领，促进乡村乡风文明。传承发展乡村优秀传统文化，培育文明乡风、良好家风、淳朴民风，建设邻里守望、诚信重礼、勤俭节约的文明乡村，推动乡村文化振兴。

四是以构建农村基层党组织为核心、自治法治德治"三治结合"的现代乡村社会治理体系为重点，促进乡村有效治理。把夯实基层基础作为固本之策，建立健全党委领导、政府负责、社会协同、公众参与、法治保障的现代乡村社会治理体制，推动乡村组织振兴，打造充满活力、和谐有序的善治乡村。

五是以确保实现全面小康为目标，促进乡村生活富裕。加快补齐农村民生短板，让农民群众有更多实实在在的获得感、幸福感、安全感。

3.具体要求

围绕落实中央统筹、省负总责、市县抓落实的乡村振兴工作机制，《乡村振兴战略规划（2018—2022 年）》从以下 5 个方面提出了要求。

一是坚持党的领导。落实党政"一把手"是第一责任人、五级书记抓乡村振兴的工作要求，让乡村振兴成为全党全社会的共同行动。

二是尊重农民意愿。切实发挥农民主体作用，避免代替农民选择，形成全体人民群策群力、共建共享的乡村振兴局面。

三是强化规划引领。抓紧编制地方规划和专项规划或方案，推动形成城乡融合、区域一体、多规合一的乡村振兴战略规划体系。

四是注重分类施策。顺应村庄发展规律和演变趋势，按照集聚提升、融入城镇、特色保护、搬迁撤并的思路，分类推进，打造各具特色的现代版"富春山居图"。

五是把握节奏力度。坚持稳中求进工作总基调，谋定而后动，避免一哄而上、急于求成、层层加码，避免过度举债搞建设，避免搞强迫命令一刀切、搞"形象工程"堆盆景。

五、乡村振兴战略与《乡村振兴促进法》的制定

乡村振兴战略是党和国家研判国情之后对乡村工作作出的历史性战略调整，是乡村工作在完成脱贫攻坚任务之后新的重大改革。2021年4月29日，十三届全国人大常委会第二十八次会议审议通过《乡村振兴促进法》，自2021年6月1日起施行。全面推进依法治国战略强调"重大改革于法有据"，《乡村振兴促进法》的制定与施行，使乡村振兴战略与全面推进依法治国的战略布局并行不悖。这是"三农"领域一部固根本、稳预期、利长远的基础性、综合性法律，对于促进乡村产业振兴、人才振兴、文化振兴、生态振兴、组织振兴和推进城乡融合发展，具有里程碑意义。

（一）制定《乡村振兴促进法》的重要意义

制定《乡村振兴促进法》，是贯彻落实党中央决策部署，保障乡村振兴战略全面实施的重要举措；是立足新发展阶段，推动实现第二个百年奋斗目标的重要支撑；是充分总结"三农"法治实践，完善和发展中国特色"三农"法律体系的重要成果。制定出台《乡村振兴促进法》，为全面实施乡村振兴战略提供了有力法治保障，对促进农业全面升级、农村全面进步、农民全面发展，全面建设社会主义现代化国家、实现中华民族伟大复兴的中国梦，具有重要意义。

1. 制定《乡村振兴促进法》，是贯彻落实党中央决策部署、保障乡村振兴战略全面实施的重要举措

党的十九大报告强调："农业农村农民问题是关系国计民生的根本

性问题，必须始终把解决好'三农'问题作为全党工作重中之重。"2018年中央一号文件系统阐述了新时代实施乡村振兴战略的重大意义、指导思想、目标任务、基本原则和主要内容，并明确提出要强化乡村振兴法治保障，抓紧研究制定乡村振兴法的有关工作，把行之有效的乡村振兴政策法定化，充分发挥立法在乡村振兴中的保障和推动作用。之后，中共中央、国务院印发《乡村振兴战略规划（2018—2022年）》，将乡村振兴战略的各项具体措施作了系统化、细致化安排。2019年中央一号文件提出要全面推进乡村振兴，确保顺利完成到2020年承诺的农村改革发展目标任务。2020年，《中共中央关于制定国民经济和社会发展第十四个五年规划和2035年远景目标的建议》（以下简称《"十四五"规划建议》）把优先发展农业农村，全面推进乡村振兴作为重要内容。2021年2月，中共中央、国务院发布《关于全面推进乡村振兴加快农业农村现代化的意见》（2021年中央一号文件），这是近年来第二个以乡村振兴为主题的中央一号文件，对新时代全面推进乡村振兴作出部署。此外，党中央、国务院还就建立健全城乡融合发展体制机制和政策体系、实现巩固拓展脱贫攻坚成果同乡村振兴有效衔接、加快推进乡村人才振兴、加强和改进乡村治理、促进乡村产业振兴等发布了专门的文件。2022年中央一号文件是21世纪以来第19个指导"三农"工作的中央一号文件。文件指出，牢牢守住保障国家粮食安全和不发生规模性返贫两条底线，突出年度性任务、针对性举措、实效性导向，充分发挥农村基层党组织领导作用，扎实有序做好乡村发展、乡村建设、乡村治理重点工作，推动乡村振兴取得新进展、农业农村现代化迈出新步伐。

制定《乡村振兴促进法》，就是要以法律的形式将党中央有关乡村振兴的系列重大决策部署制度化，把行之有效的政策措施法定化，通过发挥法治的引领和保障作用，进一步做好乡村振兴的顶层设计，进一步规范和健全推进乡村振兴战略全面实施的制度体系、体制机制和具体举措，将其转化为国家意志和全社会的行为准则，确保意志、准则在全国范围内得到有效的贯彻和落实。

2. 制定《乡村振兴促进法》，是立足新发展阶段、推动实现第二个百年奋斗目标的重要支撑

习近平总书记在 2020 年中央农村工作会议上指出，在向第二个百年奋斗目标迈进的历史关口，巩固和拓展脱贫攻坚成果，全面推进乡村振兴，加快农业农村现代化，是需要全党高度重视的一个关系大局的重大问题。全党务必充分认识新发展阶段做好'三农'工作的重要性和紧迫性，举全党全社会之力推动乡村振兴，促进农业高质高效、乡村宜居宜业、农民富裕富足。党的十八大以来，在以习近平同志为核心的党中央坚强领导下，我国的农业农村发展取得了历史性成就，粮食年产量连续多年保持在 1.3 万亿斤以上，农民人均收入较 2010 年翻了一番多，新时代脱贫攻坚目标任务如期完成，为党和国家战胜各种艰难险阻、稳定经济社会发展大局，发挥了"压舱石"作用。"十四五"时期，是乘势而上开启全面建设社会主义现代化国家新征程、向第二个百年奋斗目标进军的第一个五年。第一个百年以脱贫攻坚战取得伟大胜利，全面建成小康社会的奋斗目标画上句号，第二个百年建成富强民主文明和谐美丽的社会主义现代化强国目标从乡村振兴开始起笔。

在这一历史性的转折点上，脱贫攻坚政策进一步优化调整，有序推进由脱贫攻坚向乡村振兴的平稳转型都需要法治的保驾护航。《乡村振兴促进法》的出台，让乡村振兴的第一笔更显苍劲有力。全面推进乡村振兴，是解决人民日益增长的美好生活需要和不平衡不充分的发展之间矛盾的必然要求，是实现全体人民共同富裕的必然要求。制定《乡村振兴促进法》，就是要发挥立法的引领和推动作用，为全面建设社会主义现代化国家开好局、起好步，为实现第二个百年奋斗目标、实现中华民族伟大复兴提供有力法治支撑。

3. 制定《乡村振兴促进法》，是充分总结"三农"法治实践、完善和发展中国特色"三农"法律体系的重要成果

党和国家历来重视"三农"立法。改革开放以来，全国人大常委会先后出台 20 余部"三农"相关法律，已经形成了以《宪法》为统帅，以《农业法》为基础，以《森林法》《畜牧法》《草原法》《渔业法》《乡镇企业法》《种子法》《动物防疫法》《农产品质量安全法》《农村土地承包法》《土地管理法》《村民委员会组织法》《农民专业合作社法》《农业技术推广法》《农业机械化促进法》等专门法律和其他相关法律为主干，由法律、行政法规、地方性法规等多个层次的法律规范构成的中国特色"三农"法律制度体系，对农村双层经营体制、农业生产经营、农村土地制度、农村基层组织建设、农业农村发展支持保护等各个方面作出规范。

党的十八大以来，为落实党中央关于农村土地制度改革部署，修改了《农村土地承包法》《土地管理法》；为适应发展现代种业、保障粮食安全的要求，修改了《种子法》；为适应扶持新型农业经营主体、鼓励发展农民专业合作社的要求，修改了《农民专业合作社法》；为贯彻习近平生态文明思想，适应森林资源保护和林业发展工作的要求，修改了《森林法》；为强化公共卫生安全法治保障，修改了《动物防疫法》。同时，关于粮食安全保障、农村集体经济组织、畜牧、农产品质量安全等方面的法律正在抓紧制定修订中。这些涉农立法有一个共同的特点，就是法律的政策性特别强。从立法项目的提出上看，许多法律的立项来自党中央提出的明确要求；从立法的主要目的上看，制定修改涉农法律的重要目的，就是将党中央关于"三农"问题的大政方针和决策部署以法律的形式予以固定；从法律的主要内容上看，许多涉农法律的具体条款，是由党中央提出的具体政策措施转化而来的。

《乡村振兴促进法》也是如此，它是在充分总结、提升"三农"领域丰富法治实践经验的基础上，更好地将政策法治化、将措施制度化的一部"三农"领域的基础性法律，是完善和发展中国特色"三农"法律制度体系的最新成果，为中国特色"三农"法律制度体系奠定了乡村振兴的基调。

（二）《乡村振兴促进法》的调整范围

1. 行为范围

习近平总书记在十九届中共中央政治局第八次集体学习时指出，乡村振兴是包括产业振兴、人才振兴、文化振兴、生态振兴、组织振兴的全面振兴，是"五位一体"总体布局、"四个全面"战略布局在"三农"工作中的体现。坚持乡村全面振兴、坚持城乡融合发展是2018年中央一号文件确立的实施乡村振兴战略的基本原则之一，也是《乡村振兴促进法》的一个突出特点。

坚持乡村全面振兴，就是准确把握乡村振兴的科学内涵，紧紧围绕乡村振兴的目标任务，统筹推进农村经济建设、政治建设、文化建设、社会建设、生态文明建设和党的建设，整体部署促进乡村产业振兴、人才振兴、文化振兴、生态振兴、组织振兴的制度举措；坚持城乡融合发展，就是顺应农业农村发展要求和城乡关系变化趋势，协同推进乡村振兴战略和新型城镇化战略的实施，促进城乡要素有序流动、平等交换和公共资源均衡配置，坚持以工补农、以城带乡，推动形成工农互促、城乡互补、协调发展、共同繁荣的新型工农城乡关系。在篇章结构和主要内容方面，《乡村振兴促进法》的第二章至第七章，对产业发展、人才支撑、文化繁荣、生态保护、组织建设、城乡融合进行了专章规定，构成了本法的主体内容。

实施乡村振兴战略是关系全面建设社会主义现代化国家的全局性、历史性任务，做好"三农"工作，除了要在"三农"问题上下功夫，也要综合考虑影响"三农"工作的外部因素，从推动城乡融合、构建新型工农城乡关系的高度来把握。《乡村振兴促进法》的调整范围，既不只限于农业、农村和农民的范围，也不仅规范某几个特定领域、某几个特定主体的行为，而是包括党组织在内的全社会各类主体，只要参与全面实施乡村振兴战略的有关工作，开展促进乡村产业振兴、人才振兴、文化振兴、生态振兴、组织振兴，推进城乡融合发展等各类活动，都受《乡村振兴促进法》的调整，都享有《乡村振兴促进法》规定的各项权利，承担《乡村振兴促进法》规定的各项义务。

2. 地域范围

顾名思义，《乡村振兴促进法》调整的地域范围主要是在"乡村"。我国是一个幅员辽阔的国家，东中西部、南北方差异较大，各地经济社会发展的情况，特别是城镇化的情况、小城镇发展的情况、城乡统筹的情况等各有不同，各方对"乡村"的理解也有所不同，特别是城市郊区以及"城中村"属不属于"乡村"，应不应该受《乡村振兴促进法》的调整，一直存在争论。对"乡村"的概念作出一个符合我国国情和经济社会发展现状、能够取得最大共识的定义，是立法的一个难点。

《乡村振兴战略规划（2018—2022年）》提出，乡村是具有自然、社会、经济特征的地域综合体，兼具生产、生活、生态、文化等多重功能，与城镇互促互进、共生共存，共同构成人类活动的主要空间。这是党中央有关文件和规划中首次对"乡村"的概念作出明确的表述，为在法律上规范"乡村"的概念和范围提供了重要依据。但这个表述是一种对主体性质和功能的描述，没有对地域范围的描述，只是明确"乡村"是与"城镇"相区别的人类活动的主要空间。

为此，《乡村振兴促进法》结合《城乡规划法》的有关规定，引入了"建成区"的概念，对"乡村"的概念进一步作出规范。现有的表述，突出了乡村的特有价值和功能，基本体现了行政管理的实际做法和大多数人对"乡村"的认知，同时也没有进行过于细致的规范，给各地实践操作留出了一些空间，防止一些乡村被遗忘或遗漏，确保促进乡村振兴的制度措施能够全面覆盖、不留死角。

"乡村"的地域范围在"城市建成区"以外。《城乡规划法》第二条规定，本法所称规划区，是指城市、镇和村庄的建成区以及因城乡建设和发展需要，必须实行规划控制的区域。《乡村振兴促进法》明确"乡村"的地域范围在"城市建成区"以外，并且符合本法规定的其他限定条件，因此属于本法调整的"乡村"的范围。

"乡村"是具有自然、社会、经济特征和生产、生活、生态、文化等多重功能的地域综合体。即虽然在"城市建成区"以外，但没有相关的特征和功能的区域，就不属于《乡村振兴促进法》调整的"乡村"的范围。

"乡村"主要包括乡镇和村庄，而一些小城镇，只要其属于城市建成区以外，就属于《乡村振兴促进法》调整的范围。另一方面，《乡村振兴促进法》调整的范围也不仅仅只有乡镇和村庄，一些农场、林场、牧场、渔场等，只要符合《乡村振兴促进法》的规定，就属于《乡村振兴促进法》调整的范围。

虽然《乡村振兴促进法》调整的地域范围主要是乡村，但促进乡村振兴行为的发生地不受"乡村"的限制，包括了更广阔的范围，并不是说出了"乡村"的地域范围就不受《乡村振兴促进法》的调整。一方面，解决好"三农"问题是全党工作的重中之重，促进乡村全面振兴是各级人民政府的法定职责，全国各省区市、各县乡的党委、政府及其有关部门和单位，只要其行为涉及乡村振兴促进工作，无论其所在地和行为发生地是否在乡村，都在《乡村振兴促进法》调整的范围之内。另一方面，党中央明确提出要建立健全城乡融合发展体制机制和政策体系，加快形成工农互促、城乡互补、全面融合、共同繁荣的新型工农城乡关系。

《乡村振兴战略规划（2018—2022年）》对城乡一体规划和建设、协调城乡布局、延伸农业产业链、加强重要生态系统保护和修复、弘扬中华优秀传统文化、增加公共文化产品和服务供给、建立健全城乡劳动者平等就业和同工同酬制度、推动农业转移人口市民化、鼓励社会人才投身乡村建设、吸引社会资本参与乡村振兴、加大金融支农力度等作出了具体安排，这些乡村振兴的具体事项，无论从参与的主体看，还是从行为发生的地域看，都不仅仅限于农业、农村和农民的范围，都是全社会共同参与、城乡均有涉及的事项，必须一体把握，整体推进。

阅读链接

↓↓↓

从两个维度看为什么制定一部专门指导
乡村振兴的法律 ①

在制定《乡村振兴促进法》前，农业农村领域已有很多法律法规，宏观层面的有《农业法》《畜牧法》《土地管理法》，专业的如《种子法》《农产品质量安全法》《农民专业合作社法》。为何还要制定一部专门指导乡村振兴的法律？原因有很多，以下从两个维度来看。

一方面，乡村发展积累了很多宝贵经验，这些经验的共性部分需要加以固化和推广。以往，很多地方也强调"三农"工作的重要性，但常常"说起来重要、做起来次要、忙起来不要"。乡村振兴落地落实，要真刀真枪地干、真金白银地投。立法将更加明确乡村地位的重要性，更加明确如何让乡村更好发挥功能，将已有行之有效的政策、制度、措施法定化。通过法律规定乡村振兴最低限度必须做成什么样，任何地方都不能毫无作为。

另一方面，乡村发展也有一些深刻教训。在推进工业化、城镇化的过程中，很多乡村在一定程度上受到损害，陷入人、财、地"失血"的困境。实施乡村振兴战略以来，各地农民生活、乡村面貌得以改善，但也有极个别地方违背乡村发展规律、违背农村实际，把好事办成了

---

① 参见乔金亮：《乡村振兴促进法正式施行：把握乡村振兴促进法精髓》，《经济日报》2021年6月1日。

坏事。治理乡村振兴过程中出现的难点、痛点，比如耕地流失和减少、生态受到破坏等，要有硬措施。这部法律就是要让一些地方不能肆意妄为，让一些地方不能急躁冒进，给一些地方划红线、设底线。

第 二 章

产业兴旺

· · · ·

　　发展才是硬道理，产业发展是激发乡村活力的基础所在，乡村要振兴，产业必兴旺。在打破城乡二元结构体制，重塑城乡关系的进程中，长期以来"重工轻农、重城轻乡"的发展定势必然要作出改变。"农业哺育工业"的发展已经告一段落，"城市反哺农村"绝不能依靠"授人以鱼"的简单粗暴方式，"产业兴旺"才是乡村振兴之"渔"，才是真正能激发乡村振兴的内在动力，实现乡村自我驱动，成为能够不依赖城市反哺的自主力量，加快形成工农互促、城乡互补、全面融合、共同繁荣的新型工农城乡关系。

　　产业兴旺是解决农村一切问题的前提，有利于夯实国家粮食安全的基础，推动农村各项事业振兴，打通城乡经济循环堵点，增进广大农民福祉，巩固拓展脱贫攻坚成果。在推动乡村产业发展过程中，要夯实农业生产能力基础，加快构建现代农业产业体系、生产体系、经营体系；要建立健全农村一二三产业融合发展体系，培育新产业、新业态、新模式，统筹兼顾培育新型农业经营主体和扶持小农户，促进小农户和现代农业发展有机衔接；要优化农业生产力布局，发展优势特色产业，切实保障粮食和重要农产品供给，提高农业质量、效益和竞争力；要加强农业种质资源保护利用和种质资源库建设，加强育种科研、良种推广，对种业实施国家安全审查机制；要完善创新机制，加快对创新主体的培育和新品种、新技术、新装备、新产品的研发，加强农业知识产权保护，健全农业科研项目评审、人才评价制度，保障农业科技创新投入；要鼓励农业机械生产研发和推广应用，加强农业信息监测预警和综合服务，推动农业现代化和信息化。

一、依法保障农村集体经济发展

（一）完善农村集体产权制度

完善农村集体产权制度，是紧紧围绕使市场在资源配置中起决定性作用、深化经济体制改革之举。发展农村集体经济，必须通过全面深化改革不断完善农村集体产权制度，建立健全符合社会主义市场经济体制要求和社会主义初级阶段实际的农村集体产权制度。只有明晰产权，才能适应市场化发展的需要，符合法治国家、法治社会建设的要求，增强农村集体所有制经济的发展活力，促进集体资产保值增值，确保集体经济发展成果惠及本集体所有成员。

目前，农村集体资产主要包括三类：（1）资源性资产，如农民集体所有的土地、森林、山岭、草原、荒地、滩涂等；（2）经营性资产，如用于经营的房屋、建筑物、机器设备、工具器具、农业基础设施、集体投资兴办的企业及其所持有的其他经济组织的资产份额、无形资产等；（3）非经营性资产，如用于公共服务的教育、科技、文化、卫生、体育等方面的资产。

农村集体产权制度改革的重点是开展集体经营性资产产权制度改革。将农村集体经营性资产以股份或者份额形式量化到本集体成员，作为其参加集体收益分配的依据，推动资源变资产、资金变股金、农民变股东，调动村民参与集体产权制度改革、推动集体经济融入市场经济的积极性、主动性。农村集体经营性资产的股份合作制改革，要体现成员集体所有和特有的社区性，只能在本集体内部进行，做到集体经营财产集体享有，集体经营活动集体参与，集体经营成果集体共享，增强集体经济发展活力。确认农村集体经济组织成员身份，按照尊重历史、兼顾现实、程序规范、群众认可的原则，统筹考虑户籍关系、农村土地承包关系、对集体积累的贡献等因素，协调平衡各方利益。组织实施赋予农民对集体资产股份占有、收益、有偿退出及抵押、担保、继承权改革试点。建立集体资产股权登记制度，健全集体收益分配制度，探索农民对集体资产股份有偿退出的条件和程序。

农村集体产权制度改革应当因地制宜地探索农村集体经济的有效实现形式。一方面，发挥农村集体经济组织在管理集体资产、开发集体资源、发展集体经济、服务集体成员等方面的功能作用。维护农村集体经济组织合法权利，防止所有权被虚置。另一方面，通过农村集体产权制度改革，以产权变股权、资金变股金、农民变股东的方式，创新产权制度，发挥农民主体作用，引导产权所有者积极融入市场发展，引导农村产权规范流转和交易，建立符合农村实际需要的产权流转交易市场，开展农村承包土地经营权、集体林权、"四荒"地（荒山、荒沟、荒丘、荒滩）使用权、农业类知识产权、农村集体经营性资产等流转交易。

农村集体产权制度改革，要把实现好、维护好、发展好广大农民的根本利益作为出发点和落脚点，促进集体经济发展和农民持续增收；坚持农民权利不受损，防止内部少数人对集体经济的不当控制和外部资本对集体资产的不当侵占；要尊重农民群众意愿，发挥农民主体作用，支持农民创新创造，把选择权交给农民，确保农民知情权、参与权、表达权、监督权，真正让农民成为改革的参与者和受益者。

农村集体产权制度改革，既要体现集体优越性，又要调动成员积极性，引领农民逐步实现共同富裕，着力解决集体经营性资产归属不明、经营收益不清、分配不公开、成员的集体收益分配权缺乏保障等突出问题。要将经营性资产量化到本集体成员，股权设置以成员股为主，建立健全集体资产股权登记制度和集体收益分配制度，保障集体资产集体享有，集体经营活动集体参加，集体经营成功集体共享。

（二）发展壮大农村集体经济

以土地集体所有为基础的农村集体所有制，是社会主义公有制的重要形式，是实现农民共同富裕的制度保障。《宪法》规定，农村集体经济组织实行以家庭承包经营为基础、统分结合的双层经营体制。这是我国农村的基本经营制度。党的十八大以来，党中央高度重视完善农村集体产权制度。2013 年中央一号文件（《中共中央 国务院关于加快发展现代农业进一步增强农村发展活力的意见》）指出："建立归属清晰、权能完整、流转顺畅、保护严格的农村集体产权制度"。2015 年中央一号文件（《中共中央 国务院关于加大改革创新力度加快农业现代化建设的若干意见》）指出："探索农村集体所有制有效实现形式，创新农村集体经济运行机制"。2015年11月，中共中央办公厅、国务院办公厅印发的《深化农村改革综合性实施方案》指出，"建立健全符合社会主义市场经济体制要求和社会主义初级阶段实际的农村集体产权制度""分类推进农村集体资产确权到户和股份合作制改革"。2016年12月，中共中央、国务院出台了《关于稳步推进农村集体产权制度改革的意见》，对农村集体产权制度改革进行了全面部署。

实施乡村振兴战略，应当进一步发展壮大新型农村集体经济。2020年10月，党的十九届五中全会审议通过的《"十四五"规划建议》提出："深化农村集体产权制度改革，发展新型农村集体经济。"十三届全国人大四次会议通过的《中华人民共和国国民经济和社会发展第十四个五年规划和2035年远景目标纲要》明确要求，深化农村集体产权制度改革，完善产权权能，将经营性资产量化到集体经济组织成员，发展壮大新型农村集体经济。

农村集体经济组织可以采用多种形式探索发展集体经济。例如，可以利用未承包到户的集体"四荒"地、果园、养殖水面等资源，集中开发或者通过公开招投标等方式发展现代农业项目；采取租赁、入股等形式，将农户承包林地吸纳进村集体股份合作林场，大力发展用材林、经济林、林下经济、森林旅游等产业；利用生态环境和人文历史等资源发展休闲农业和乡村旅游；在符合规划的前提下，探索利用闲置的各类房产设施、集体建设用地等，以自主开发、合资合作等方式发展相应产业；为农户和各类农业经营主体提供产前、产中、产后农业生产性服务；国家鼓励集体经济组织整合利用集体积累资金、政府帮扶资金等，通过入股或者参股农业产业化龙头企业、村与村合作、村企联手共建、扶贫开发等多种形式发展集体经济；在城镇规划区、经济开发区等优势区位，跨区域抱团建设仓储设施、商铺门面、标准厂房等飞地项目，实现集体经济可持续发展。

二、促进农村一二三产业融合发展

（一）培育融合主体，坚持以农民为主体，使农民受益

1. 坚持农民的主体地位

要坚持和完善农村基本经营制度，稳定农村土地承包关系。强化农民合作社和家庭农场的基础作用，鼓励农民合作社发展农产品加工、销售，发展休闲农业，拓展合作领域和服务内容，鼓励家庭农场依托农业产业拓展多样化经营。支持符合条件的农民合作社、家庭农场优先承担政府涉农项目，落实财政项目资金直接投向农民合作社，形成资产转交合作社成员持有和管护的政策。引导土地流向农民合作社和家庭农场。鼓励龙头企业发挥带动作用，支持各类社会资本投向农业农村，发展适合企业经营的现代种养业。农业农村的发展最终都是围绕农民问题进行的。为了适应市场经济的发展需要，市场在资源配置中的决定性作用会不断创新培育出新型农业经营模式。市场在变，农业经营模式在变，不变的是农民始终是农业基本经营、新型农业经营的主体，土地流转应当尊重农民意愿，农业经营不得侵犯农民合法权益。

2. 丰富融合业态

新型经营主体通过特色化、专业化经营，能够更加合理地配置生产要素，促进农村产业深度融合。在坚持市场配置农业农村资源发挥

决定性作用的过程中，农业农村资源是依托，创新经营模式和通过特色化、专业化的经营发挥地域特色是避免同质化竞争，在市场竞争中取得相对优势的竞争力的有效手段。其中，要强化农民合作社和家庭农场的基础作用，引导高素质农民、务工经商返乡人员等领办农民合作社、兴办家庭农场、开展乡村旅游等经营活动。要培育壮大农业产业化龙头企业，引导其重点发展农产品加工、流通、电子商务和农业社会化服务。充分发挥农垦企业优势，培育具有国际竞争力的大型现代农业企业集团。发挥供销合作社综合服务优势，推动供销合作社与新型农业经营主体有效对接，培育大型农产品加工、流通企业。鼓励龙头企业、农民合作社、涉农院校和科研院所成立产业联盟，通过共同研发、科技成果产业化等实现信息互通、优势互补。充分发挥行业协会自律、教育培训和品牌营销作用。

3.搭建融合载体，完善融合机制，坚持农民受益的根本目的

以农民作为主体发展第一产业，确保农民基本收入；发展第二、第三产业，坚持让农民增收；一二三产业融合发展就是要实现农民保收增收，实现共同富裕。坚持和完善农村基本经营制度，发展壮大集体经济，确保集体经营成果集体共享，注重收入分配公平；探索农村集体产权制度改革，就是要鼓励有能力的农民通过自己的方式，创收增收，注重通过市场化提升农村发展效率。农村经营制度稳根本、促改革，兼顾效率与公平，最终目的也是为了使农民受益。

具体来说，要注重建立多种形式的利益联结机制，带动农民增收，如引导农业产业化龙头企业在平等互利基础上与农户、家庭农场、农民合作社签订农产品购销合同，合理确定收购价格，形成稳定购销关系。鼓励发展股份合作，农户以承包土地经营权入股的，要切实保障土地经营权入股部分的收益；工商企业进入农业农村的，应当优先聘用流转出土地的农民，为其提供技能培训、就业岗位和社会保障，强化辐射带动农户的作用。

（二）以乡村优势特色资源为依托，促进乡村产业多元化发展

1. 农村一二三产业融合发展要以本地优势特色资源为依托，坚持因地制宜探索适合本地区的产业融合模式

一些城市在发展的过程中，因不注重自身相对优势的发挥，不懂得因地制宜、因时制宜、量力而行，盲目跟风照搬其他城市的发展模式，出现了城市同质化问题、资源浪费问题。产生同质化、资源浪费等问题的根本原因在于缺乏规划，治理思路僵化，治理能力和治理水平跟不上经济发展的速度，其后果是同质化造成了其他原有优先发展城市相对优势的降低，自身城市发展提升空间有限，大量的基础设施不能得到有效利用，浪费大量资源。在反思城市发展过程中出现的上述问题的基础上，要求乡村规划要立足乡村优势特色资源，进行科学合理规划，以特色资源打造在市场竞争中的相对优势，以差异化来避免同质化，以专业、特色来赢得市场。

具体来说，在大中城市周边，农业可以与旅游、教育、文化、健康、养老等产业深度融合，发展多种形式的农家乐和观光农业、休闲农业等产业。具有文化历史或者民族特点的农村，可以发展特色文化旅游。本地有某种特色农产品的，可以大力发展农产品电子商务、农产品加工业，还可以延伸发展仓储物流、产地批发市场等产业。随着农民进入城市，对农业生产性服务业需求增加，可以发展代耕代种代收、大田托管、统防统治、烘干储藏等市场化和专业化服务。第一产

业的农林牧渔业也可以融合发展，促进农牧结合、农林结合，发展种养结合循环农业，发展林下经济等。

2.农村一二三产业融合发展要注重培育新产业、新业态、新模式，促进乡村产业多元化发展

乡村具有食品保障、生态涵养、休闲体验和文化传承等多种功能，具有生产、生活、生态和文化等多元价值。综合利用乡村的多元价值，就要注重培育新产业、新业态、新模式，确保乡村多重功能的正常发挥。根据《乡村振兴促进法》的相关要求，重点发展的产业有以下几类。

一是在农林牧渔产业基础上延伸的产业。特色农业、休闲农业、乡村旅游、康养产业等，为人们体验农耕文化和与大自然亲密接触提供了渠道。现代农产品加工业、乡村物流、电子商务等延伸了农业产业链，提升了农业价值链。

二是依托乡村特色资源的产业。依托革命旧址、历史故事等可发展红色旅游；依托乡村民间工艺可发展乡村手工业。为美丽乡村建设提供支撑，可在乡村发展绿色建材产业。

三是国家建立引导示范性的园区建设。现代农业产业园、农业科技园等，既可以促进新技术应用，也可以成为人们观光旅游的景点，促进农业现代化和农民增收。

四是加强农产品流通体系建设。国家要统筹农产品生产地、集散地、销售地市场建设，加强农产品流通骨干网络和冷链物流体系建设，促进农产品顺畅流通。完善乡村利益联结机制，让农民更多分享产业增值收益。

（三）鼓励企业获得国际通行的农产品认证

在市场竞争中，特色是农产品的名片，质量是农产品的通行证。为加强农产品质量安全管理，世界各国普遍实施农产品认证体系。当前，农产品认证由原来的注重最终产品合格普遍转向注重过程管理，产生了生产管理和控制体系及相关体系认证，要求种植、养殖环节规范、安全、可靠，推行农产品质量安全从"农场到餐桌"全过程控制。农产品认证也开始从产品质量的终端认证，慢慢向前回溯到产地认证。经过市场的不断检验，产地认证成为农产品特色与质量的代名词。比如"烟台苹果""莱阳梨""五常大米""普洱茶""阳澄湖大闸蟹"等，产地认证正逐渐取得市场的认可，有效提升了乡村在市场融入过程中的竞争力。企业获得国际通行的农产品认证，能够帮助企业提高农产品生产或者食品加工产业发展水平，能够使产品内在的品质信息外部化，有效传递农产品质量安全信号，提升企业的形象和品牌价值，增强企业的市场竞争力。

多年来，我国实施了绿色食品、有机农产品、地理标志农产品认证工作，但还存在认证定位不明晰和标准重复、基础研究薄弱，认证管理体制不顺、全过程监管力度不够、认证机构权威性和公信力不高等问题。2019 年 6 月发布的《国务院关于促进乡村产业振兴的指导意见》明确要求，积极参与国际标准制定修订，推进农产品认证结果互认。引导和鼓励农业企业获得国际通行的农产品认证，拓展国际市场。在国际通行的农产品认证方面，国家将加大支持力度，建立绿色农产品市场准入标准和行业标准，完善农产品质量安全认证机构对监管和认证过程的管控，强化认证规范管理，提升认证工作质量水平，增强相关认证在国际市场的公信力、权威性和认可度。

三、优化农业生产力布局，保障粮食和重要农产品有效供给与质量安全

（一）发展优势特色产业

1. 优化农业生产力布局是走中国特色农业现代化道路的必然要求，是现代农业的基本特征之一

农业是依赖于土地、水源、气候条件等自然资源条件的产业，不同区域适合不同的农业产业发展。在最适宜的地区生产最适宜的农产品，合理安排种养业，配套推广应用先进适用技术，有利于充分挖掘资源、品种、技术和现代物质装备的增产潜能，提高农业资源利用率、土地产出率和劳动生产率，增强主要农产品基本供给能力。优化农业区域布局，实行相对集中连片的规模化生产、专业化经营和市场化运作，能够强化产前、产中、产后各环节的社会化服务，提升生产的组织化水平，促进产业链条延伸，有利于形成小农户大基地、小规模大区域的发展格局，实现小生产与大市场有效对接。

2. 优化农业生产力布局是发挥比较优势、增强农产品竞争力的客观要求

从国际上看，我国农业与国际市场的联系越来越紧密。从国内看，人们对农产品质量的要求越来越高。依托各地的农产品区域优势，建设高产、优质、高效、环保、安全的现代农业生产基地和示范基地，实现规模化、专业化、标准化生产，降低生产成本，提高产品质量和

档次，能够增强我国农产品整体竞争力。

3. 优化农业生产力布局是促进农民持续增收、夯实农业主产区建设产业基础的有效手段

在农业主产区培育具有较强竞争力的主导产业，扩大市场份额，能够提升产业发展的综合效益。农业综合生产能力的提高，必将带动农产品加工、储藏、运输、营销等相关产业的发展，延长优势农产品的产业链条，提高农产品附加值。区域主导产业发展有利于促进农业增效、农民增收的良性互动。

（二）切实保障粮食和重要农产品供给

粮食安全是国家安全的重要基础。在构建人类命运共同体的进程中，粮食安全是世界性的重大课题。在我国的历史发展进程中，粮食安全始终是国之大计、强国之基。面对复杂多变的国际环境，粮食安全是维护国家安全的重要支撑。我国作为人口大国，粮食及重要农产品需求仍将刚性增长，保障国家粮食安全始终是头等大事，必须抓好粮食和重要农产品供给安全，切实稳住农业基本盘、守好"三农"基础。2022 年中央一号文件强调，牢牢守住保障国家粮食安全和不发生规模性返贫两条底线。稳定全年粮食播种面积和产量。坚持中国人的饭碗任何时候都要牢牢端在自己手中，饭碗主要装中国粮，全面落实粮食安全党政同责，严格粮食安全责任制考核，确保粮食播种面积稳定、产量保持在 1.3 万亿斤以上。

要通过产业发展，优化农业生产力布局，把保障粮食和重要农产品供给放在最重要位置，在生产必需的土地、水等资源上予以重点保障，在政策导向上重点予以倾斜。要分品种明确保障目标，构建科学合理、安全高效的重要农产品供给保障体系。国家粮食安全战略立足"以我为主、立足国内、确保产能、适度进口、科技支撑"的新形势，着重强调"确保谷物基本自给、口粮绝对安全"，把保障国家粮食安全作为一个永恒的课题，时刻不放松粮食安全这根弦，确保饭碗主要装中国粮，中国人的饭碗任何时候都要牢牢端在自己手中。

（三）提高农业质量、效益和竞争力

提高农业质量、效益和竞争力是农业现代化的必然要求。要通过多种途径，提高农业质量、效益和竞争力。

一是品种培优、品质提升。要形成具有特色和高附加值的特色农产品、畜禽产品、林产品，加大推陈出新的力度，从而摆脱农业供给品质较低端的局面，实现向中高端的飞跃式发展。以乡镇、村组为单位，形成优势农产品产业集群，汇聚优质的农产品，提高市场竞争力。

二是品牌打造。要塑造农产品品牌，将农产品的品质优势转化为价格优势，获得更好的经济效益。

三是标准化生产。农业标准化，就是通过制定和实施农业产前、产中、产后各个环节的工艺流程和衡量标准，使生产过程规范化、系统化，从而提高农业新技术的可操作性，将先进的科研成果尽快转化成现实生产力，取得经济、社会和生态的最佳效益。其核心内容是建立一整套质量标准和操作规程，建立监督检测体系，建立市场准入制度，使农产品有标生产、有标上市、有标流通。推进农业产前、产中、产后各环节的标准化，有利于科学管理、降低成本，加强农产品质量安全管理，助力创建品牌和提升品牌价值，提高农产品的市场竞争力，提高农业质量效益。

四、巩固和完善农村基本经营制度

（一）严格实行农用地分类管理制度，落实"长牙齿"的耕地保护硬措施

为了严格限制农用地转为建设用地，国家确立了耕地、林地、草地等不同类型农用地的管理制度。除《土地管理法》外，《森林法》确立了林地管理制度，《草原法》确立了草地管理制度，《渔业法》规定了养殖水面管理有关制度，《畜牧法》对畜禽养殖用地作出了规定。

永久基本农田属于优质耕地，因此，国家规定了比一般耕地更为严格的保护制度，《土地管理法》和《基本农田保护条例》都对基本农田相关制度作出了规定。例如，国务院制定的《农田水利条例》规定了农田水利用地的有关制度，根据制度规定，建设占用土地、涉及农用地转为建设用地的，应当办理农用地转用审批手续。在土地利用总体规划确定的城市和村庄、集镇建设用地规模范围内，为实施该规划而将一般农用地转为建设用地的，由原批准土地利用总体规划的机关或者其授权的机关批准；在已批准的农用地转用范围内，具体建设项目用地可以由市、县人民政府批准。在土地利用总体规划确定的城市和村庄、集镇建设用地规模范围外，将一般农用地转为建设用地的，由国务院或者国务院授权的省（自治区、直辖市）人民政府批准。通过对永久基本农田设置更为严格的审批手续，来保证粮食安全所需土地，以充足的土地存量确保粮食供应、粮食安全。

国家对耕地实行特殊保护，对于耕地中的永久基本农田实行更为

严格的特殊保护。省（自治区、直辖市）人民政府应当采取措施，确保本行政区域内耕地总量不减少、质量有提高。转为建设用地的，要严格办理转用手续。要落实"长牙齿"的耕地保护硬措施。实行耕地保护党政同责，严守 18 亿亩耕地红线。按照耕地和永久基本农田、生态保护红线、城镇开发边界的顺序，统筹划定落实三条控制线，把耕地保有量和永久基本农田保护目标任务足额带位置逐级分解下达，由中央和地方签订耕地保护目标责任书，作为刚性指标实行严格考核、一票否决、终身追责。分类明确耕地用途，严格落实耕地利用优先序，耕地主要用于粮食和棉、油、糖、蔬菜等农产品及饲草饲料生产，永久基本农田重点用于粮食生产，高标准农田原则上全部用于粮食生产。引导新发展林果业上山上坡，鼓励利用"四荒"地资源，不与粮争地。落实和完善耕地占补平衡政策，建立补充耕地立项、实施、验收、管护全程监管机制，确保补充可长期稳定利用的耕地，实现补充耕地产能与所占耕地相当。改进跨省域补充耕地国家统筹管理办法。加大耕地执法监督力度，严厉查处违法违规占用耕地从事非农建设。强化耕地用途管制，严格管控耕地转为其他农用地。巩固提升受污染耕地安全利用水平。稳妥有序开展农村乱占耕地建房专项整治试点。巩固"大棚房"问题专项清理整治成果。落实工商资本流转农村土地审查审核和风险防范制度。

（二）完善农村承包地"三权分置"制度

2018 年中央一号文件要求："完善农村承包地'三权分置'制度，在依法保护集体土地所有权和农户承包权前提下，平等保护土地经营权。"当前，随着工业化、城镇化深入推进，农村劳动力大量进入城镇就业，相当一部分农户将土地流转给他人经营，家家包地、户户务农的局面发生变化，催生了大量新型经营主体，形成了集体拥有所有权、农户享有承包权、经营主体行使经营权的新格局。新格局之下应突出抓好家庭农场和农民合作社等新型农业经营主体培育工作，创建一批示范家庭农场和家庭农场示范县，开展农民合作社规范提升行动，发展多种形式适度规模经营。立足"大国小农"的基本国情，在保护集体所有权、农户承包权的基础上，平等地保护土地经营权，赋予经营主体更加稳定的预期，成为发展现代农业的必然要求。

2018年中央一号文件明确要求："农村承包土地经营权可以依法向金融机构融资担保、入股从事农业产业化经营。"在依法保护集体土地所有权和农户承包权的前提下，平等保护土地经营权，明确经营主体所享有的土地经营权的内涵和权能，这是"三权分置"的重要内容。

一是明确土地经营权的内涵。依据现行法律规定和基层实践要求，土地经营权人对流转土地依法享有在一定期限内占有、耕作，并取得相应收益的权利。

二是明确土地经营权的基本权能。经营主体有权使用流转土地自主从事农业生产经营并获得收益，有权在流转合同到期后按照同等条件优先续租承包土地，任何组织、个人不应妨碍经营主体行使合法权利等。

三是明确土地经营权的扩展权能。经承包农户同意，经营主体可以依法依规改良土壤、提升地力，建设农业生产、附属、配套设施并按照合同约定获得合理补偿；流转土地被征收时，可以按照合同约定获得相应地上附着物及青苗补偿费。

四是鼓励创新放活经营权的方式。鼓励采用土地股份合作、土地托管、代耕代种代收等方式，发展多种形式的适度规模经营。

（三）农村生产经营纠纷的类别与处理原则

1.农村生产经营纠纷的类别

农村生产经营的种类决定了农村生产经营纠纷的类别。按生产方式区分，农业分为种植业、养殖业、捕捞业。按经营对象区分，农村生产经营分为农业、林业、牧业、渔业。按生产链来区分，农村生产经营分为农业、涉农工业（乡镇企业）、涉农服务业（涉农技术服务、金融服务等）。

从上述分类可知，农村生产经营纠纷的类别也可作如下区分：（1）与农业生产类相关的法律纠纷：农业承包合同纠纷、林业承包合同纠纷、种植或养殖回收合同纠纷；（2）与涉农工业相关的法律纠纷：乡镇企业承包经营纠纷；（3）涉农服务业法律纠纷：农机作业服务合同纠纷、农业技术服务合同纠纷、涉农金融借款合同纠纷、信用卡纠纷、农村小额借贷及民间借贷纠纷；（4）涉及农业生产资料法律纠纷：农药、化肥、种子的产品责任纠纷。

2.农村生产经营纠纷的处理原则

一是要坚持法定原则。农村生产经营纠纷既适用《民法典》等一般法，又适用《农业法》等特别法。在解决农村生产经营纠纷时，既应坚持等价有偿、诚信原则，又应坚持党中央、国务院各项"三农"政策，积极推动农村改革，保护和发展农业生产力，维护农民合法权益。要培育农民的法治意识，让他们能够利用法律工具维护自身的合法权利。

二要坚持有利于生产原则。对于农民而言，农业生产是其生活来源之本。没有农业生产，其衣食都无法保障。对于社会而言，农业生产是社会稳定的基石。"手中有粮，心中不慌。"而农业生产又具有很强的时节性，过了相应的农时，不管如何投入，也无法提高农业生产经营效率。因此，在定分止争时，一定要坚持有利于生产原则。

三是要尊重传统原则。在我国几千年的传统社会中，农村社会逐渐形成了一套行之有效的行为道德准则。这些准则有利于防范和化解生产经营纠纷，发挥着定分止争的作用。因此，在化解纠纷矛盾时，只要这些传统道德不违背法律的禁止性规定，我们就尊重这些行为规范，让其继续发挥调节农村社会关系的功能。

五、加强种质资源保护

（一）加强农业种质资源保护利用和种质资源库建设

种质资源是育种的物质基础，是国家的重要战略资源。由于种质资源具有丰富的遗传多样性，蕴藏着各种潜在的可利用基因，不仅可以直接用于农业、林业生产，而且可以为优良品种选育和开展生物技术研究提供基因来源，因此对未来农林牧渔发展具有决定性意义。

同时，种质资源在解释生物遗传基础、揭示生物起源和保持生物多样性方面也具有不可或缺的作用。物种的遗传多样性与其生存能力成正比，种质资源的丢失，特别是一些稀有、珍贵种质资源的丢失，将给农产品生产带来不可弥补的损失，甚至影响整个生态系统的稳定与安全。

因此，世界各国普遍将种质资源定位为国家战略资源，加大保护力度。种质问题是实施"藏粮于地、藏粮于技"战略的要害问题，应注意保护种质资源。大力推进种源等农业关键核心技术攻关。全面实施种业振兴行动方案。加快推进农业种质资源普查收集，强化精准鉴定评价。推进种业领域国家重大创新平台建设。启动农业生物育种重大项目。加快实施农业关键核心技术攻关工程，实行"揭榜挂帅""部省联动"等制度，开展长周期研发项目试点。强化现代农业产业技术体系建设。开展重大品种研发与推广后补助试点。贯彻落实《种子法》，实行实质性派生品种制度，强化种业知识产权保护，依法严厉打击套牌侵权等违法犯罪行为。

（二）实施种业国家安全审查机制

《生物安全法》规定，国家建立生物安全审查制度，对影响或者可能影响国家安全的生物领域重大事项和活动，由国务院有关部门进行生物安全审查，有效防范和化解生物安全风险。《种子法》规定，国家建立种业国家安全审查机制，境外机构、个人投资、并购境内种子企业，或者与境内科研院所、种子企业开展技术合作，从事品种研发、种子生产经营的审批管理依照有关法律、行政法规的规定执行。向境外提供种质资源或者从境外引进种质资源以及境外种子企业进入我国开展种子经营或者研究工作，都应当严格依照法律法规和国家有关规定办理审批手续。

种业安全审查机制，能够加强对国外投资者开展合资合作、并购、品种研发等行为的监测预警等监管工作，防止境内优异种质资源和先进育种技术流失，避免我国种子市场被外资控制，维护种子市场的正常市场竞争秩序，确保国内种业安全、粮食安全、生态安全、生物安全。

六、加强农业科技创新和技术推广

（一）完善创新机制，培育创新主体

我国农业科技创新的主体有农业科研机构、农业高等院校、农业企业、新型农业经营主体等，形成了多层次、多主体参与的农业科技创新主体。党的十九大报告提出，"建立以企业为主体、市场为导向、产学研深度融合的技术创新体系"。农业企业是农业现代化的直接参与者，以企业为主体创新农业技术引领发展，有助于与农业农村实际需求紧密结合，能够有效集成资金、人才等各类要素，能够更好地建立和完善农业科技创新创业生态系统。相对于单纯的高校或科研院所的农业科技创新，以企业为主体的产学研一体化创新机制，有利于科技成果与产业发展的无缝对接，有利于科技成果转化为现实生产力。这符合经济高质量发展和转型升级的趋势，也是当今世界各国支持科技创新的重要选择。

因此，要加强信息平台建设，建立产学研对接机制。一是要充分发挥公共服务平台优势，满足企业技术创新需求，向全社会开放大型科技仪器、设备和公共实验室，为各种研发提供设计、检测、测试等专业技术服务。二是要建立科研成果转化平台，健全专业化、市场化技术服务和中介服务体系的建设，搭建科研成果从高校、科研院所到企业的桥梁，实现让科技创新成果从实验室到市场再到现实生产力的快速转化。

（二）保障农业科技创新投入

习近平总书记强调指出："农业现代化，关键是农业科技现代化"。农业具有显著的长周期性，与国家粮食安全、生态安全、人类卫生健康等密切相关。当前，我国农业科技投入占农业国内生产总值的比重还比较低。

一是要落实农业农村优先发展要求，建立农业科技更优先发展的投入机制，稳定增加投入数额。重视农业基础性长期性科技研发投入，紧紧围绕世界农业科技前沿，在基因组学、合成生物学、智慧农业、农业物联网、农业废弃物资源化利用等领域突破一批重大基础理论问题，紧紧围绕乡村振兴急需的良种和国家种质资源库建设、动物疫病防控、病虫害防治、生态循环农业、农产品质量安全、农机农艺融合、农业大数据等关键领域，攻克一批关键核心技术与装备。

二是要加强农业科研平台设施建设，优先布局建设农业领域的国家实验室等重大科研平台。对从事基础性研究、农业和社会公益研究的科研机构，加大稳定性科技投入比重。坚持以人为本的原则，加大对农业科技人才的工作支持，保障人员和工作经费。

三是要加强现代农业产业技术体系建设，推动全产业链科技创新，以保障粮食安全和重要农产品有效供给为重点，着力攻克种子和耕地两个要害问题，推进农业机械化全程全面发展，加强基层农业技术推广服务体系建设。

（三）加强农业知识产权保护

党的十八大以来，党中央把知识产权保护工作摆在更加突出的位置，国家相继出台了《深入实施国家知识产权战略行动计划（2014—
2020 年）》《国务院关于新形势下加快知识产权强国建设的若干意见》
《"十三五"国家知识产权保护和运用规划》等文件。党的十九届五中
全会提出："加强知识产权保护，大幅提高科技成果转移转化成效。"
《中华人民共和国国民经济和社会发展第十四个五年规划和 2035 年远
景目标纲要》明确指出："实施知识产权强国战略，实行严格的知识产
权保护制度，完善知识产权相关法律法规，加快新领域新业态知识产
权立法。"农业知识产权属于知识产权的一部分，既有各领域都具有的
专利权、商标权以及著作权等，也有农业领域独有的植物新品种权等，
还具有科研成果研发周期较长、使用主体分散且难以控制、价值标准
难以确定等特点，尤其需要加以保护。要严格审计登记，加强市场监
管整治，严厉查处假冒侵权行为，加大处罚惩治力度。

（四）构建"一主多元"的农业技术推广体系

我国实行"一主多元"的农业技术推广体系，公益性推广与经营
性推广分类管理。国家高度重视农业技术推广工作，对推进基层农业
技术推广体系改革与建设提出了具体要求。有序推进农业技术推广服
务体系建设，应强化基层农业技术推广能力建设，加强基层农业技术
推广队伍建设，开展星级农业技术推广服务站遴选建设，支持建设长
期稳定的试验示范基地；要深化基层农业技术推广体系改革，创新农
业技术推广服务方式方法，形成农业技术推广机构、科研教学单位、
新型农业经营主体、经营性服务组织等合理分工、高效协作的强大合
力。国家探索公益性和经营性农业技术推广融合发展机制，强化公益
性农业技术推广机构主责履行力度，推动农业科技社会化服务发展，

加快信息化服务手段普及应用，强化农业技术推广服务的公益性、专业化、社会化、市场化属性，为全面推进乡村振兴、加快农业农村现代化提供科技支撑和人才保障。

各级国家农业技术推广机构属于公共服务机构，履行的公益性职责有：各级人民政府确定的关键农业技术的引进、试验、示范，植物病虫害、动物疫病及农业灾害的监测、预报和预防，农产品生产过程中的检验、检测、监测咨询技术服务，农业资源、森林资源、农业生态安全和农业投入品使用的监测服务，水资源管理、防汛抗旱和农田水利建设技术服务，农业公共信息和农业技术宣传教育、培训服务，法律、法规规定的其他职责。

高等院校、职业学校、科研机构、科学技术社会团体等农业科研单位应当加强农业技术推广服务。当前，我国存在科研机构的创新成果转化率低、创新成果被束之高阁的问题。要加强科研与推广的紧密联系，在科研创新立项时就注意要适应农村经济建设发展的需要，将科技人员从事农业技术推广工作的实绩作为工作考核和职称评定的重要内容，调动科研人员开展科技推广的积极性。

国家鼓励企业、合作社、农业社会化服务组织等开展农业科学技术推广。在市场经济条件下，农业企业、合作社、农业社会化服务组织等各类经营性单位，可结合生产经营活动，发展订单农业、标准化生产，实现农业科技成果的及时转化应用。

对于国家农业技术推广机构人员，要从考评机制、考评结果运用机制、与绩效挂钩的补贴或者奖惩等方面提升农业科技推广人员的工作积极性，提高公益性服务的质量和效果，提高农民的满意度。对于科研人员，国家将经费支持、科技成果转化情况、科研和教学人员参与农业技术推广服务的情况作为工作考核、职称评定的重要依据。完善知识产权保护制度，建立农业科研成果参与利益分享机制，激励科研成果的转化推广应用。

对农民专业合作社、涉农企业、农业社会化服务组织等，重点要为其技术推广提供良好政策环境。同时，要鼓励经营性技术推广机构与农民通过订单农业、统购统销、技术入股等多种方式建立利益分享机制，加快新型农业科学技术的推广应用。

七、促进农业机械化、信息化

（一）国家鼓励农业机械生产研发和推广应用

没有农业的机械化、信息化，就没有农业农村的现代化。随着经济社会的发展，越来越多的人涌入第二、第三产业的生产和建设当中，农业从业人员相对较少；传统小农经济模式之下农业生产效率不高，资源浪费严重，对自然资源、环境的依赖性较强。在多重因素影响之下，广大农民和农业产业对农业机械化、信息化的依赖越来越明显。农业机械化、信息化在集成技术、节本增效、提质减损、增产增收等方面发挥了强大作用。县级以上人民政府应当把推进农业机械化纳入国民经济和社会发展计划，采取财政支持和实施国家规定的税收优惠政策以及金融扶持等措施，逐步提高对农业机械化的资金投入，充分发挥市场机制的作用，按照因地制宜、经济有效、保障安全、保护环境的原则，促进农业机械化的发展。

在农业机械生产研发方面，一是政府要重视农业机械研发。省级以上人民政府及其有关部门组织采取技术攻关、试验、示范等措施，促进基础性、关键性、公益性农业机械科学研究。二是支持科研机构加强农业机械研发。要通过农业机械科研、教学与生产、推广相结合，促进农业机械与农业生产技术的发展要求相适应。三是支持农业机械生产者开发先进适用的农业机械。鼓励其采用先进技术、先进工艺和先进材料，提高农业机械产品的质量和技术水平。支持引进、利用先进的农业机械、关键零配件和技术等。

在农业技术推广方面，国家通过在不同的农业区域建立农业机械化示范基地、发布国家支持推广的先进适用的农业机械产品目录、建立购置农业机械补贴等方式，加快农业机械的推广。从 2012 年起，国家每年都安排专项经费支持基层农业技术推广体系改革与建设。要支持有条件的地区通过"定向招生、定向培养、定向就业"的方式，吸引优秀人才加入基层农业技术推广服务。

（二）以农业机械化促进农业现代化

在农业农村现代化和乡村振兴进程中，农业机械化的推动作用越来越明显，需求越来越迫切，发展环境越来越有利。

实现主要农作物耕种收的机械化，有利于提高种植水平、田间管理水平、收获质量和效果，有利于节约种子，有利于颗粒归仓、减少收获环节损失，有利于提高农产品的质量和品质。当前，我国水稻、玉米、小麦种植的机械化水平相对较高，但是马铃薯种植和收获、棉花采摘、油菜种植和收获、花生收获等方面的机械化水平还有待提升，水产养殖、畜牧养殖、林业草原、农产品初加工、设施农业等综合机械化率都还不足 40%，一些产业领域和一些生产环节还存在"无机可用""无好机用"的问题，迫切需要通过农业机械研发和推广提升农业机械装备水平。

推进农业机械化全程全面发展，要以农机农艺融合、机械化信息化融合、农机服务模式与农业适度规模经营相适应、机械化生产与农田建设相适应为路径，加快粮棉油糖主要作物生产全程机械化，推进特色作物和畜牧水产养殖等产业全面机械化，发展农业机械社会化服务，改善农业机械作业基础条件，加大农业机械化政策扶持。

（三）加强农业信息监测预警和综合服务

"大国小农"是我国农业发展的基本国情，将现代生产要素导入农业生产，引领小农户步入现代农业发展轨道，通过农业生产的专业化、标准化、集约化来推进农业现代化是今后农业发展的必然选择。加强农业信息监测预警和综合服务，一要综合利用现代信息技术、通信技术和现代媒体，构建信息服务平台，提供全面、准确、及时的信息服务，对全国乃至全球农产品市场信息加以分析，服务于农业生产经营者的有关决策，制定强有力的引导支持政策，稳定市场供求关系和农产品价格。二要监测耕地、林地、草地、湿地等不同类型土地的资源状况，监测农药、化肥、农膜使用情况和土壤污染、水污染等情况，对不同农业生产技术带来的环境影响、产出效益进行监测，促进农业高质量发展。三要通过对病虫害、天气状况的监测，及时组织开展防灾减灾工作；通过对国内外农产品市场的分析，预测市场供求关系，及时出台调控措施，避免农产品价格大幅度波动。

此外，要提高政府服务效率，及时准确发布政策法规、行业动态、农业科教、市场价格、农资监管、质量安全等信息，拓展服务领域和范围。建立完善网上办理行政审批事项、农业农村基本情况数据库、农产品质量安全追溯体系、渔政管理指挥系统和海洋渔船安全通信保障系统等，提升农业农村科学决策水平和行政管理效率，加强农村社会管理，推动政府职能转变。

（四）推进农业生产经营信息化

通过物联网、大数据、空间信息、智能装备等现代信息技术与种植业、畜牧业、渔业、农产品加工业生产过程的全面深度融合和应用，按照资源共享、填平补齐的要求，重点盘活人财物等资源，通过建设信息化服务平台、区域性全产业链综合服务中心等多种范式，挖掘潜能、提升效率，实现资源集约、节约和高效利用。

推进农业生产管理过程的信息化。例如，通过信息化的装备设施，发展智慧农业，实现农田灌溉、农作物栽培、农业病虫害防治、畜禽饲养等方面的远程监测、科学决策管理、自动控制、精准作业。又如，种植业利用土壤含水量测试仪、土壤理化性质在线测试仪、土壤电导率测量仪、农田小气候观测仪等，实现对农田资源环境信息、农田小气候、土壤肥力、含水量、温度、病虫草害等的全面感知；通过对采集信息的处理，实现自动化灌溉和精准施肥等作业；通过对收割机等农机设施进行车辆定位和设备监控，实现收获的智能化、信息化和机械化。畜禽养殖通过信息技术的应用实现精准化生产控制、生产过程可跟踪与产品质量可溯源，提高资源利用效率，提高经济效益。

推进农产品流通过程的信息化。将现代农业信息技术和手段应用到农产品加工、交易、仓储、运输、溯源等过程中，实现农产品网上报价、电子交易、仓储管理、物流配送、产品溯源等，推动网上交易、诚信体系、追溯体系、农产品物流体系的建立和发展，促进农产品小生产与大市场有效衔接，为现代农产品流通提供强有力支撑。及时掌握农产品市场状况，预测中长期供求关系，减少农业生产经营的盲目性。

阅读链接

↓↓↓

保障粮食安全　稳政策　农民吃下"定心丸"①

保障粮食安全，亿万农民是主体。

"要调动农民种粮积极性，稳定和加强种粮农民补贴""要让农民种粮有利可图""不让种粮农民在经济上吃亏"。掷地有声的话语，体现了习近平总书记浓浓的为民情怀。

政策给力，让农民种粮不吃亏。

旋耕机、插秧机、无人机……各式农机摆满院子，安徽省凤阳县小岗村种粮大户程夕兵笑眯了眼，"喷药撒肥一体的无人机已经下单，今年春耕就能派上用场。"

2016年4月25日，习近平总书记在安徽省凤阳县小岗村主持召开农村改革座谈会时强调："在政策上，要考虑如何提高粮食生产效益、增加农民种粮收入，实现农民生产粮食和增加收入齐头并进。"

春风化雨，农业支持保护体系不断完善。增投入，2021年全国一

---

① 参见朱隽等：《"饭碗主要装中国粮"》，《人民日报》2022年2月18日。

般公共预算农林水支出安排 24975.47 亿元，较 2020 年增长 4.5%。强扶持，构建价格、补贴、保险扶持政策体系，适当提高小麦、稻谷最低收购价，完善玉米、大豆生产者补贴，2022 年三大粮食作物完全成本保险和种植收入保险将覆盖主产省份所有产粮大县，让农民更多分享政策红利。农民收益预期稳了，种粮积极性高涨。

经营增效，让农民种粮多得利。

面对"大国小农"的基本国情农情，"谁来种地"难题如何破解？

习近平总书记深刻指出，"要创新粮食生产经营模式，优化生产技术措施，落实各项扶持政策，保护农民种粮积极性，着力提高粮食生产效益"。"农民专业合作社是带动农户增加收入、发展现代农业的有效组织形式"。"让农业经营有效益，让农业成为有奔头的产业"。

创新经营体系，农业专业化社会服务水平不断提升。目前，全国纳入名录系统管理的家庭农场已超过 300 万家，农民合作社超过 240 万家，农业社会化服务面积达到 16.7 亿亩次，带动小农户超过 7800 万户。2022 年，将扩大耕地轮作、粮食绿色高产行动、农业社会化服务等政策覆盖范围，发展以农机作业为主的专业化社会化服务，为小农户降低生产成本、提升种粮效益，为粮食生产提供坚实的组织保障。

不负好春光，广袤田野奏响春耕进行曲。新征程上，只要我们坚持以习近平新时代中国特色社会主义思想为指导，踔厉奋发、笃行不怠，定能收获更多丰收的喜悦。

第 三 章

生态宜居

· · · ·

　　绿水青山就是金山银山，乡村振兴，生态宜居是关键。以牺牲生态环境来换取经济发展的方法是不可持续的，将生态价值与经济价值进行二元对立的思维也是根本错误的。保护好、改善好农村生态环境就是建设人民群众美好家园，就是发展农村生产力，就能为乡村全面振兴提供有力支撑。良好的生态环境是农村的最大优势和宝贵财富，也是农村产业发展和农民生活水平提高的重要基础。

一、生态宜居是乡村振兴的内在要求

　　党的十八大以来，以习近平同志为核心的党中央推动全面深化改革，加快推进生态文明顶层设计和制度体系建设。党的十八大报告把生态文明建设纳入"五位一体"总体布局，党的十八届三中全会要求建立系统完整的生态文明制度体系，党的十八届四中全会提出用严格的法律制度保护生态环境，党的十八届五中全会确立了包括绿色发展理念在内的新发展理念，党的十九大报告提出，"加快生态文明体制改革，建设美丽中国"。改善农村人居环境，是以习近平同志为核心的党中央从战略和全局高度作出的重大决策部署，是实施乡村振兴战略的重要任务，事关广大农民根本福祉，事关农村居民健康，事关美丽中国建设。

（一）生态宜居是满足人民对美好生活需要的必要要求

中国要美，农村必美。农村的生态环境直接影响全国人民的"米袋子""菜篮子""水缸子"，直接影响农民的"钱袋子"，绿水青山的生态价值本身就具备经济价值，通过美丽乡村这一稀缺资源可以吸引更多的人去投资兴业、发展休闲旅游、健康养生等产业，绿水青山还可以不断增值。随着经济收入的提高，农民群众对生活品质的要求也越来越高，对自身健康的关注程度也越来越高。必须顺应广大农民群众过上美好生活的期待，牢固树立和践行绿水青山就是金山银山的理念，把为农民群众创造优美宜居的生产生活环境作为治理农村突出环境问题的根本出发点和落脚点。

（二）生态宜居是推动农业绿色发展的重要抓手

从总体上看，我国农业生产主要依靠资源消耗的粗放经营方式没有根本改变，绿色优质农产品和生态产品供给还不能满足人民群众日益增长的美好生活需要。守护好农村自然资源，保护好农村生态环境，可以吸引更多的人才到乡村创新创业、生产生活、扎根发展，留住更多本土人才，培育更多新生人才。要实行最严格的生态环境保护制度，优化空间布局，转变农业发展方式，推动各地构建人与自然和谐共生的农业发展新格局，促进农业转型升级和绿色发展，形成农村绿色生产方式和生活方式。

二、建立健全国家生态保护制度和补偿制度

当前，我国经济已进入高质量发展阶段，高质量的经济发展强调国民经济更高质量、更有效率、更加公平、更可持续发展。更可持续发展对生态环境提出了更高要求。要以习近平生态文明思想为指导，深入贯彻新发展理念，把绿色发展摆在首要位置，推行绿色生产方式，强化废弃物资源化利用，推进长江黄河农业面源污染综合治理，构建农业面源污染治理长效机制。

（一）健全生态保护补偿机制

党的十八大以来，生态保护补偿机制建设顺利推进，并取得初步成效。但在实践中还存在诸多问题，比如，企业和公众的参与度不高，优良生态产品和生态服务供给不足等矛盾突出，政府主导、多元参与、市场运作、可持续的生态保护补偿机制亟待建立。为此，应明确补偿领域和主体，建立配套措施，将多元化生态补偿机制做实做细。加大重点生态功能区转移支付力度，建立省以下生态保护补偿资金投入机制。完善重点领域生态保护补偿机制，鼓励地方因地制宜，探索通过赎买、租赁、置换、协议、混合所有制等方式加强重点区位森林保护，落实草原生态保护补助奖励政策，建立长江流域重点水域禁捕补偿制度，鼓励各地建立流域上下游之间横向生态保护补偿机制。推动市场化、多元化生态补偿，建立健全用水权、排污权、碳排放权交易制度，

形成森林、草原、湿地等生态修复工程参与碳汇交易的有效途径，探索实物补偿、服务补偿、设施补偿、对口支援、干部支持、共建园区、飞地经济等方式，提高补偿的针对性。

（二）制定休养生息制度

农用地休养是一种环境保护行为，是指按照科学规律和相关规定对土地进行休耕和保养。具体来说，休养的方式分为两种，一种是让一部分地力贫瘠、土壤污染退化严重的土地长期休耕退耕，退耕还林、退耕还草、退耕还湖，从而提升地力，最大化利用资源效益，以及让彻底不能进行耕种的土地退出农用地的范围；另一种是在短时间内将符合一定条件的土地，按照土壤侵蚀程度、地力程度在一段时间内进行循环的休耕和保养。让农用地休养生息，是提高土壤质量、提升地力、减少农业污染、减轻病虫害、改善动植物栖息地、保护生态环境的重要措施。在生态文明法治背景下，促进农业可持续发展，让农用地休养生息，有助于形成稳定的良好的生态系统，改善生态环境。

美国、英国、德国、墨西哥等国家在解决产能过剩和环境保护的目标下，已经基本普及休耕制度，将农用地休养生息作为一项重要的土地修复措施。起初是政府使用强制手段，自上而下地普及农田休耕，给予相关财政补贴，后期是慢慢引导农民自觉休耕。在当前我国加强生态文明建设的大背景下，应该更加重视环境保护及自然资源可持续利用，因地制宜推广农用地休养生息制度。

（三）明确政府各方责任

建立健全国家生态保护制度和补偿制度，需要建立明晰的管护责任制度，落实地方政府主导责任，编制生态保护和补偿清单，健全高效的分类管护机制，完善相关的管护配套制度，优化多元的资金保障机制。2015年8月印发的《党政领导干部生态环境损害责任追究办法（试行）》进一步细化了党委和政府主要领导成员的责任清单，注重将行为追责与后果追责相结合，并将终身追责作为基本原则。自2015年1月1日起，新修订的《环境保护法》正式施行。它进一步强化了政府监督管理职责，落实了企业主体责任，并规定了对环境违法行为进行按日连续处罚、查封扣押、行政拘留、限产停产等罚则。2018年，按照党中央印发的《深化党和国家机构改革方案》，我国组建了生态环境部，由该部全面履行监督指导农业面源污染治理职责。至此，我国实现了农业与农村环境污染治理的统一监管。基层环保机构和队伍得到加强，全国乡镇环保机构和人员持续增加，部分地区逐步形成县、乡镇环保机构对农村环境保护齐抓共管的良好工作格局。

近年来，国家大力推进环境监测、执法、宣传"三下乡"工作，开展农村集中式饮用水水源地保护、生活垃圾和污水处理、秸秆焚烧、畜禽养殖污染防治等专项执法检查行动，采取多种形式，宣传农村环保政策、工作进展和典型经验，普及农村环保知识，公众对农业农村环境保护的意识得到提升。《民法典》以专章规定环境污染和生态破坏责任，在全社会树立环境有价、损害赔偿的理念，有效打击了非法排污和破坏生态等违法行为。如《民法典》第一千二百二十九条规定，因污染环境、破坏生态造成他人损害的，侵权人应当承担侵权责任。第一千一百七十二条规定，二人以上分别实施侵权行为造成同一损害，能够确定责任大小的，各自承担相应的责任；难以确定责任大小的，平均承担责任。第一千二百三十四条规定，违反国家规定造成生态环境损害，生态环境能够修复的，国家规定的机关或者法律规定的组织有权请求侵权人在合理期限内承担修复责任。侵权人在期限内未修复的，国家规定的机关或者法律规定的组织可以自行或者委托他人进行修复，所需费用由侵权人负担。第一千二百三十五条规定，违反国家规定造成生态环境损害的，国家规定的机关或者法律规定的组织有权请求侵权人赔偿下列损失和费用：生态环境受到损害至修复完成期间服务功能丧失导致的损失；生态环境功能永久性损害造成的损失；生态环境损害调查、鉴定评估等费用；清除污染、修复生态环境费用；防止损害的发生和扩大所支出的合理费用。

三、打好农业面源污染防治攻坚战

农业面源污染防治是农村生态文明建设的重要内容。近年来，在习近平生态文明思想的指导下，我国农村生态环境逐步向好，重点领域取得积极成效。一是大力发展高效节水农业。各地牢固树立和贯彻落实新发展理念，坚持节水优先，因地制宜细化实化措施。2019年，全国农田灌溉水有效利用系数达到0.559，提前完成"十三五"规划目标。二是大力推进化肥、农药减量增效。2016—2019年，我国化肥、农药使用量连续4年保持负增长。同时，利用率明显提高。2020年，水稻、小麦、玉米三大主粮作物化肥利用率为40.2%、农药利用率为40.6%，分别比2015年提高5%和4%。三是推进农作物秸秆综合利用。根据卫星监测数据，2019年，全国秸秆焚烧火点数比2015年下降了42%。截至2020年底，全国秸秆综合利用率为86%。四是推进畜禽粪污资源化利用。"十三五"期间，中央财政累计安排296亿元支持畜禽粪污资源化利用，实现了 585 个畜牧大县整县治理全覆盖，全国畜禽粪污综合利用率比 2015 年提高了 15 个百分点。五是高毒农业投入品使用日益规范。2019 年 5 月发布的《关于深化改革加强食品安全工作的意见》要求对 10 种高毒农药 5 年内分期分批淘汰。

但与此同时，我们也必须正视乡村振兴进程中仍存在的一系列农业生态环境问题。

一是化肥减量基础还不牢，总种植面积下降的表象掩盖了化肥施用强度的增加，以及区域种植结构调整所导致的局域化肥施用量增加。

二是农药减量压力较大，我国粮食、农副产品供需紧平衡的矛盾仍将长期存在，为保证农产品供给，维持一定的农药施用量是不得不接受的选项。

三是农业废弃物资源化利用的手段还不多，在农业废弃物资源化利用方面，手段较为单一，方式较为被动，主要依靠行政命令，重堵轻疏现象较为普遍。

四是兽药产业监督压力仍较大。相关法规体系不完善、组织保障和技术监测体系不健全、行政审批及监管工作效率较低等成为兽药市场上假劣兽药泛滥的重要原因。

"生态兴则文明兴，生态衰则文明衰"，加强乡村环境保护，促进乡村生态振兴，应加强农业面源污染防治，大力推进产业生态化转型，鼓励引导绿色低碳消费，全力推动农产品质量安全监管，组织综合考核督导，践行绿色发展理念，加强生态文明建设，实现乡村生态振兴。

（一）大力推动农业投入减量增效

推进农业绿色发展是贯彻新发展理念、推进农业供给侧结构性改革的必然要求，是加快农业现代化、促进农业可持续发展的重大举措。推进农业绿色发展是农业发展观的一场深刻革命。要深刻认识绿色发展对纾解资源承载压力、治理农业农村环境污染、促进农业可持续发展的重大现实意义，着力解决制约"节本增效、质量安全、绿色环保"的相关问题，统筹推进节水、节肥、节药、节地、节能，促进农业节本增效、节约增收。具体而言，就是要多措并举，开展农业面源污染防治工作。

一是完善农业农村生态环境保护制度体系，构建农业绿色发展制度体系、农业农村污染防治制度体系和多元环保投入制度体系。

二是着力实施好农业绿色发展重大行动，强化化肥农药减量增效、秸秆地膜综合利用。

三是大力推动农业资源养护，加快发展节水农业、加强耕地质量保护与提升、强化农业生物资源保护。

四是推进农业清洁生产，提高资源利用效率，转变农业增长方式，实现农业生产降本增效增收。

（二）多元举措发展生态循环农业

生态循环农业作为现代农业发展的重要形态，既是农业发展理念的创新，又是相关政策、制度、技术的创新，是贯彻落实新发展理念、推进生态文明建设的关键。新时期发展生态循环农业，要按照生态系统的整体性、系统性及其内在规律，采取禁渔期、禁渔区，耕地轮作休耕等有利于修复农业生态的系列措施，实现农业生态循环可持续发展。

一要坚持种养结合。引导小农户发展绿色生态农业，推进种养循环、农牧结合，朝着高效种养业转型升级方向努力。特别是在部分粮食主产区，可按照稳粮、优经、扩饲的要求，加大粮改饲工作力度，围绕畜牧业发展，建设完善饲草料生产加工体系，坚持以养带种、以种促养，构建结合紧密、经济高效、生态持续的新型种养关系。

二要推动农业资源综合开发。开展畜禽养殖废弃物资源化利用、农副资源综合开发、标准化清洁化生产等方面的建设，着力推进农业提质增效和可持续发展。

三要大力推进产业生态化转型。打造现代生态农业产业体系，促进生态种植业、林业、畜牧业、渔业、生态农产品加工流通业、农业服务业转型升级和融合发展；健全现代生态农业生产体系，用现代物流装备武装农业，用现代科技服务农业，用现代生产方式改造农业，提升农业科技和装备水平；推进农业科技创新和成果应用，大力推进农业生产经营机械化和信息化，增强生态农业生产能力和抗风险能力。

（三）创新引领低碳生产生活方式

推动形成绿色发展方式和生活方式是贯彻新发展理念的必然要求，要努力实现经济社会发展和生态环境保护协同共进，为人民群众创造良好的生产生活环境。人因自然而生，人与自然是一种共生关系，推动形成绿色发展方式和生活方式，是发展观的一场深刻革命。

具体而言，应鼓励引导绿色低碳消费，培育造就一批绿色生产、服务、消费主体，使绿色发展理念深入人心、深入实践。推进农业绿色发展，要做到资源节约，推动资源利用方式根本转变；突出环境友好，推行绿色生产方式，科学使用农业投入品，循环利用农业废弃物，有效遏制农业面源污染；注重生态修复，增强田园生态系统的稳定性和可持续性；强化绿色科技保障，强化农业绿色发展法律约束。

（四）管好农业投入品，确保质量安全

农业投入品是农业生产必不可少的要素，抓好农业投入品的监督管理工作在农业生产中发挥着基础性和保障性作用，要充分认识依法加强农产品质量安全监管工作的重要意义。习近平总书记指出，"食品安全源头在农产品，基础在农业"。要坚持不懈抓好农产品质量和食品安全监管，切实做到"产出来"和"管出来"两手抓、两手硬。

具体而言，全力推动农产品质量安全监管，严格执行农药兽药、饲料添加剂等农业投入品的生产和使用规定，严禁使用国家明令禁止的农业投入品，严格落实定点经营和实名购买制度。将高毒农药禁用范围逐步扩大到所有食用农产品。落实农业生产经营记录制度、农业投入品使用记录制度，指导农户严格执行农药安全间隔期、兽药休药期有关规定，防范农药兽药残留超标。农业投入品作用于农产品的源头，从加强农产品质量安全全过程的监管角度，首先应当管好的就是农业投入品，要学会"治未病"，坚持源头治理，消除安全隐患，堵塞管理漏洞，真正实现本质安全。

四、加强国土综合治理和生态修复

良好的生态环境是农村的最大优势和宝贵财富。党的十八大以来，党中央把生态文明建设和生态环境保护摆在更加重要的战略位置，我国生态环境保护政策改革创新加速，生态环境保护政策体系建设取得重大进展，为深入推进生态文明建设提供了重要动力机制。"十四五"

规划坚持系统观念，坚持绿水青山就是金山银山的理念，对推动绿色发展、促进人与自然和谐共生作出了全面部署。党的十九届五中全会把生态文明建设实现新进步作为"十四五"时期经济社会发展主要目标之一，提出到2035年广泛形成绿色生产生活方式，碳排放达峰后稳中有降，生态环境根本好转，美丽中国建设目标基本实现。要尊重自然、顺应自然、保护自然，以实现生态宜居为目标，加快转变农村生产生活方式，推动乡村生态振兴，推进农业绿色发展，持续改善农村人居环境，加强乡村生态保护与修复，大力实施乡村生态保护与修复重大工程，完善重要生态系统保护制度，加大重点生态功能区转移支付力度，推动市场化多元化生态补偿，健全生态保护补偿机制。

良好生态环境是最公平的公共产品，是最普惠的民生福祉。乡村建设要依托乡村现有山水草木等独特风光，改善和保护好农村生产生活环境，是农民生活宜居的需要，是农村生态良好的需要，是农业持续发展的需要。"十四五"时期是我国农村环境保护向纵深推进的攻坚时期，是在全面建成小康社会基础上，不断深化各项治理举措和持续提升农村生态环境质量的重要时期，也是实现2035年美丽中国愿景的关键时期。这一时期，我国农村环境保护要以习近平生态文明思想为指导，结合国家实施乡村振兴战略，以改善农村环境质量、提高农村环境治理体系和治理能力现代化水平为核心，以解决农民群众身边最紧迫、最直接、最突出的生态环境问题为导向，聚焦农村生态、农业生产、农民生活三大重点领域，统筹城乡污染治理体制机制，推动建立党委领导、政府主导、农民主体、企业和社会支持的多元共治体系，打好升级版的农村污染防治攻坚战，持续提升农村生态文明建设水平。

（一）统筹山水林田湖草沙系统治理，优化生态安全屏障体系

大力实施大规模国土绿化行动，全面建设"三北"、长江等重点防护林体系，扩大退耕还林还草规模，巩固退耕还林还草成果，推动森林质量精准提升。稳定扩大退牧还草实施范围，继续推进草原防灾减灾、严重退化沙化草原治理等工程。保护和恢复乡村河湖、湿地生态系统，积极开展农村水生态修复，连通河湖水系，恢复河塘行蓄能力，推进退田还湖还湿、退圩退垸还湖。大力推进荒漠化、石漠化、水土流失综合治理，实施生态清洁小流域建设，推进绿色小水电改造。加快国土综合整治，实施农村土地综合整治重大行动，推进农用地和低效建设用地整理以及历史遗留损毁土地复垦。加强矿产资源开发集中地区特别是重有色金属矿区地质环境和生态修复，以及损毁山体、矿山废弃地修复。加快近岸海域综合治理，实施蓝色海湾整治行动和自然岸线修复。实施生物多样性保护重大工程，提升各类重要保护地保护管理能力。加强野生动植物保护，强化外来入侵物种风险评估、监测预警与综合防控。开展重大生态修复工程气象保障服务，探索实施生态修复型人工增雨工程。

（二）健全重要生态系统保护制度

随着我国综合国力的不断增强和广大农民对高品质生活需求的不断提升，"十四五"时期有望成为我国加快推进农村生态环境保护工作的窗口期。面对农村环境保护的形势与挑战，要坚持底线思维，保持战略定力，持续加强新时代农村环境保护思路创新研究，力争在长效制度、治理体系和治理能力、组织方式、科技创新、绿色惠民等关键

领域实现突破，为美丽中国建设奠定坚实基础。在全面推进乡村振兴战略中着力推进农村环境治理。进一步将农村生态环境治理作为实施乡村振兴战略和全国生态环境保护"十四五"规划的重要内容，建立污水与垃圾收集处理、畜禽粪污资源化综合利用、水环境特别是饮用水水源地保护、自然生态特别是各级各类自然资源地保护、农药化肥减量化施用和村民生态环境保护意识提升等农村生态环境评价与目标责任体系，将其列入对各级党委、政府和部门生态文明建设和环境保护目标责任制的重要考核内容。同时，落实农村生态环境统一监管执法责任制，为推进美丽乡村建设提供政策支持和制度保障。

完善天然林和公益林保护制度，进一步细化各类森林和林地的管控措施或经营制度。完善草原生态监管和定期调查制度，严格实施草原禁牧和草畜平衡制度，全面落实草原经营者生态保护主体责任。完善荒漠生态保护制度，加强沙区天然植被和绿洲保护。全面推行河长制、湖长制，鼓励将河长湖长体系延伸至村一级。推进河湖饮用水水源保护区划定和立界工作，加强对水源涵养区、蓄洪滞涝区、滨河滨湖带的保护。严格落实自然保护区、风景名胜区、地质遗迹等各类保护地的保护制度，支持有条件的地方结合国家公园体制试点，探索对居住在核心区域的农牧民实施生态搬迁试点。

（三）加大环境治理力度

目前，乡村生态环境保护虽然取得了不错的治理效果，但仍然存在一些短板和问题，比如，治理手段比较单一，治理方式倾向于行政命令，缺乏多元参与和正反两方面的引导，管治得不到很好的贯彻和落实等。

一是缺乏统筹规划引领。例如，一些地区对农业产业发展及其污染治理缺乏全面统筹规划，已开展的村庄规划编制对特色民俗旅游资源整合不到位，缺乏对环境承载能力的科学评估和选址规划，导致民俗旅游设施生态环境问题突出；垃圾集中投放点规划不科学，相关措施不配套，部分农村垃圾未进入收集转运体系，对规模以下经营性养殖户的污染治理也缺乏规范指导。

二是缺乏投入保障机制。一方面，没有将农村生态环境治理资金纳入各级财政资金支持的重要科目，有治理设施建设而无设施运行维护资金预算、有污染处理设施建设而无配套污水管网或垃圾收集转运系统建设资金预算等现象较为普遍；另一方面，在推进农村生态环境治理市场化改革方面，社会资本参与度低，治理资金投入不足。

三是缺乏技术标准支撑。目前，适合广大农村地区且成熟的污染治理和农业废弃物资源化利用技术仍然缺乏，一些地方简单引用城市污染治理的环境排放标准体系，或是选用的治理技术繁琐复杂，难以消化掌握，大大影响了农村治污设施运行的有效性、稳定性和经济性。

一些生态环境脆弱的地区，通过恢复生态，走出了一条农民增收、生态良好的路子。比如，河南省光山县，利用荒山推广油茶种植，既搞活了农村经济，又改善了生态环境；广西壮族自治区百色市露美村，通过美丽乡村建设，留住了村民，也迎来了商机。实践证明，生态环境质量越来越好的地方，会吸引越来越多的人来投资兴业，生态优势释放出了绿色发展新动能，后劲十足，不仅改善了人居环境，也改善了群众生活。

五、改善农村人居环境

"望得见山、看得见水、记得住乡愁"是以习近平同志为核心的党中央对美丽中国、美丽乡村画卷的描绘。近年来，党中央高度重视农村人居环境质量提升，作出了一系列重大决策部署，《农村人居环境整治三年行动方案》（以下简称《三年行动方案》）目标任务落实取得了阶段性成效。然而，农村人居环境整治各个领域的管理仍然存在短板。

一是政府、村级组织、企业、农民等各方面参与的共建共管共享机制仍然有待加强。

二是长效机制没有完全建立，不少地区在探索专业化、市场化环境管护机制方面作出了积极尝试，并取得了良好的成效，但是长效机制仍需要完善。

三是缺乏适合干旱、寒冷等特殊条件地区的产品和技术，一些产品缺乏相应的标准规范，质量参差不齐。有的地方简单套用城市的技术模式，成本高，水土不服；有的地方照搬照抄其他地方的做法，没有因地制宜进行技术改良，一种技术模式套到底；有的新技术、新产品未经试验示范就推广。

四是规划、施工、管理等专业技术力量缺乏，科研队伍体系不健全，素质能力还未完全适应工作需要。

党的十九大以来，住房和城乡建设部继续加强农村危房改造，做好农村住房建设指导管理，着力提高农村住房建设水平，提升农村住房品质，扎实推动农村住房建设，引导农民建设功能现代、结构安全、成本经济、绿色环保、与乡村环境相协调的宜居住房。

（一）建立共建共管共享机制

农村人居环境是全面建成小康社会过程中的突出短板，是建设生态宜居美丽乡村的关键部分，也是实施乡村振兴战略的重要内容。农村人居环境整治包括诸多方面，要充分发挥政府、村级组织、企业、农民等多个主体的优势和特点，建立政府、村级组织、企业、农民等各方面参与的共建共管共享机制。借鉴浙江省"千村示范、万村整治"经验，加强顶层设计，推动农村人居环境整治由国家试点向常规化、规范化转变。

一是要发挥好政府引导作用，加大政策指导、资金支持和组织发动等力度，持续推进农村人居环境整治。将农村人居环境治理要求逐步纳入村规民约，逐步提升农户的主人翁意识，不断加强农村人居环境整治提升检查督导的力度。

二是要发挥基层党组织、村民理事会等村级组织的作用，调动农民参与农村人居环境整治的积极性和主动性。发挥企业特别是市场参与的作用。由于农村人居环境整治中的污水处理、垃圾处理等是具有外部性的公共物品，在完全市场竞争中，必然会出现失灵的现象，由政府主导的治理和资金投入根本无法满足其需求。需要确定各个环节的市场化程度，利用市场的效率并辅以政府激励、引导和监督机制。

三是要充分发挥农民主体作用。农村人居环境整治主要依靠农民，应指导各地加大宣传发动力度，运用贴近群众生活的方式，通过政策鼓励、宣传教育等，引导群众主动参与，形成长效治理机制。鼓励各地结合实际开展示范创建、试点试验，总结一批可复制可推广的典型范例，发挥示范引领作用。

（二）因地制宜推广卫生厕所和简便易行的垃圾分类

农村厕所革命是改善农村人居环境的重要环节。习近平总书记强调，厕所问题不是小事情，是城乡文明建设的重要方面，要把这项工作作为乡村振兴战略的一项具体工作来推进，努力补齐这块影响群众生活品质的短板。继续强化分类指导、强化工作部署、强化政策支持、强化技术支撑、强化宣传发动。要以县为单位分类推进农村户厕改造，实施农村厕所革命整村推进奖补政策。

近年来，各地认真落实党中央决策部署，因地制宜，有力有序扎实推进农村厕所革命。截至 2020 年底，全国农村卫生厕所普及率超过 68%。2018 年以来，全国累计改造农村户厕 4000 多万户。下一步，将扎实推进农村户用卫生厕所建设改造，引导农村新建住房配套建设卫生厕所，人口规模较大的村庄配套建设公共卫生厕所，强化管理维护，逐步扩大厕所粪污无害化处理和资源化利用覆盖面。

农村生活垃圾治理是乡村生态振兴的重要基础和农村人居环境整治的重点任务之一。2017 年 6 月 6 日，住房和城乡建设部印发的《关于组织推荐农村生活垃圾分类和资源化利用示范县的通知》指导督促 100 个县（市、区）农村生活垃圾分类和资源化利用示范县探索可复制可推广的经验，各地积极探索农村生活垃圾分类，开展试点示范。

2022 年 5 月，中共中央办公厅、国务院办公厅印发的《乡村建设行动实施方案》提出，推进农村厕所革命，加快研发干旱、寒冷等地区卫生厕所适用技术和产品，因地制宜选择改厕技术模式，引导新改户用厕所基本入院入室，合理规划布局公共厕所，稳步提高卫生厕所普及率。

近年来，各级政府采取了一系列有力有效措施，全面推进农村生活垃圾治理，成效显著。截至 2020 年 10 月，农村生活垃圾收运处置体系已覆盖全国 90% 以上的行政村，全国排查出的 2.4 万个非正规垃圾堆放点中 99% 已完成整治。截至 2019 年底，在全国 100 个垃圾分类示范县（市、区）中，有 80% 的乡镇、64% 的行政村已经实行垃圾分类，实行垃圾分类的行政村数量超过 10 万个，垃圾减量达 1/3 以上。通过宣传推介，农村居民生活垃圾分类意识逐步提高，形成了浙江省金华市"二次四分法"、上海市崇明区"户分户投、村收村拣、镇运镇处"、北京市王平镇"农村垃圾源头分类、资源化利用"等一批典型先进的农村生活垃圾分类处理模式。要继续推进农村生活垃圾收运处置体系建设，集中整治非正规垃圾堆放点，积极探索推动农村生活垃圾分类，持续推进农村生活垃圾资源回收利用体系建设。

（三）治理农村垃圾和污水

针对农村生活垃圾治理，要遵循减量化、无害化和资源化的整体思路，积极探索符合农村特点和农民习惯、简便易行的分类处理模式，探索废弃物就地就近就农处理和资源化利用的路径，并加大生活垃圾处理技术研发力度。因地制宜地推进差异化的垃圾处理体系，针对经济基础较好且距离县城不远的农村，可以推行"户分类、村收集、镇转运、县处理"模式；在经济欠发达且垃圾集中处理较困难的地区，采取就近原则，能够转运县或镇一级处理的，交由县或镇处理，偏远山区且交通不便的，要在村内实现无害化处理。要健全农村生活垃圾收运处置体系，完善县乡村三级设施和服务，推动农村生活垃圾分类减量与资源化处理利用，建设一批区域农村有机废弃物综合处置利用设施。

农村生活污水具有流量小、浓度低、收集困难、缺乏规划、建设模式分散等特点，加之中西部地区村庄分布较为分散，农村生活污水的集中管理存在较大困难。同时，农村污水治理技术要求高、一次性投入大、维护运营成本高。近年来，各地区各部门认真贯彻党中央决策部署，因地制宜梯次推进农村生活污水治理工作。下一步，应指导各地以污水减量化、分类就地处理、循环利用为导向，做好改厕与污水治理的有效衔接，继续统筹推进农村生活污水治理工作，完善农村生活污水治理标准规范，不断开展黑臭水体治理，并加快探索治理模式和长效机制。要统筹农村改厕和生活污水、黑臭水体治理，因地制宜建设污水处理设施，基本消除较大面积的农村黑臭水体。

（四）鼓励和支持使用清洁能源、可再生能源

农村能源是发展农业生产、保证农民生活、创造社会财富不可缺少的要素，是关系中国农民生产、生活和区域生态环境的大事，是农业结构调整的有效途径。合理开发利用农村可再生能源、鼓励使用清洁能源有利于治理农业面源污染，优化农村环境，统筹城乡协调，体现农村能源综合利用的环境效益、生态效益和社会效益。我国地域辽阔，可再生能源丰富，发展潜力巨大，小水电、风能、太阳能、生物质能等可再生能源主要分布在广大的农村地区。下一步，要实施乡村清洁能源建设工程。巩固提升农村电力保障水平，推进城乡配电网建设，提高边远地区供电保障能力。发展太阳能、风能、水能、地热能、生物质能等清洁能源，在条件适宜地区探索建设多能互补的分布式低碳综合能源网络。按照先立后破、农民可承受、发展可持续的要求，

稳妥有序推进北方农村地区清洁取暖，加强煤炭清洁化利用，推进散煤替代，逐步提高清洁能源在农村取暖用能中的比重。

（五）建立健全农村住房安全和低收入群体住房保障机制

乡村建设工程质量安全管理是乡村建设工程活动的核心内容，直接影响着工程的质量安全以及人民群众的生命和财产安全。随着城镇化进程的不断加快和乡村振兴战略的深入推进，乡村建设项目不断增多，投资规模不断增长，工程质量安全事故也日益增多。国家有关部门和各地区应该依据《建筑法》《建设工程质量管理条例》《建设工程安全生产管理条例》等法律法规，结合实际，制定农村住房建设质量安全管理制度和相关技术标准体系，加强乡村建设工程质量和安全监督管理，保障人民群众生命和财产安全。

建设农村住房应当注重科学合理规划，要因地制宜、详略得当，做到与当地的经济发展水平、人居文化环境和群众生产生活需要相适应；坚持保护与建设并重，内在的生活品质提高与外在自然人文风貌并重，严禁以任何形式侵占耕地和永久基本农田，破坏乡村生态环境、毁坏历史文化景观。努力打造各具特色、独具风格的美丽村庄，需要加强党的领导，健全工作机制；要合理划分县域村庄类型，统筹谋划村庄发展；发挥村民主体作用，调动农民的积极性；充分动员社会力量，组织开展规划服务。

对于农村易返贫致贫户、农村低保户、农村分散供养特困人员，以及因病、因灾、因意外事故等刚性支出较大或收入大幅度缩减导致基本生活出现严重困难的农村低收入群体，为巩固拓展脱贫攻坚成果，接续推进乡村振兴，需要建立农村低收入群体安全住房保障机制，对农村低保边缘家庭和未享受过农村住房保障政策支持且依靠自身力量无法解决住房安全问题的其他脱贫户给予支持。实施农房质量安全提升工程。推进农村低收入群体等重点对象危房改造和地震高烈度设防地区农房抗震改造，逐步建立健全农村低收入群体住房安全保障长效机制。加强农房周边地质灾害综合治理。深入开展农村房屋安全隐患排查整治，以用作经营的农村自建房为重点，对排查发现存在安全隐患的房屋进行整治。新建农房要避开自然灾害易发地段，顺应地形地貌，不随意切坡填方弃渣，不挖山填湖、不破坏水系、不砍老树，形成自然、紧凑、有序的农房群落。农房建设要满足质量安全和抗震设防要求，推动配置水暖厨卫等设施。因地制宜推广装配式钢结构、木竹结构等安全可靠的新型建造方式。以农村房屋及其配套设施建设为主体，完善农村工程建设项目管理制度，省级统筹建立从用地、规划、建设到使用的一体化管理体制机制，并按照"谁审批、谁监管"的要求，落实安全监管责任。建设农村房屋综合信息管理平台，完善农村房屋建设技术标准和规范。加强历史文化名镇名村、传统村落、传统民居保护与利用，提升防火防震防垮塌能力。保护民族村寨、特色民居、文物古迹、农业遗迹、民俗风貌。

↓↓↓

重庆市长寿区珍心鲜农业开发有限公司诉
中盐重庆长寿盐化有限公司、
四川盐业地质钻井大队环境污染责任纠纷案 [①]

重庆长寿盐化公司系生产销售工业盐及其化工产品的公司，其所有的矿井包括A井、B井、C井。重庆长寿盐化公司与四川盐业地质钻井大队签订合同，约定由钻井大队负责C井钻井施工，施工过程中产生的含盐特征污水给距离约30米的重庆市长寿区珍心鲜农业开发有限公司农业基地造成污染。经政府主持调解，重庆市长寿区珍心鲜农业开发有限公司与四川盐业地质钻井大队签订协议书，约定钻井大队一次性支付重庆市长寿区珍心鲜农业开发有限公司50万元补偿款。2012年4月至5月，因四川盐业地质钻井大队处理、填埋钻井产生的污染物措施不当以及下雨等原因，致使包括重庆市长寿区珍心鲜农业开发有限公司在内的数家农业基地受到污染。重庆长寿盐化公司所有的C井位于重庆市长寿区珍心鲜农业开发有限公司农业基地西北侧约100米。2012年4月，B井配套管道发生泄漏，亦导致包括重庆市长寿区珍心鲜农业开发有限公司在内的农业基地受到污染。有关部门先后多次组织调解，并对土地污染情况、损害程度、损害费用等进行鉴定和

---

① 参见朱新力主编：《生态资源环境保护法律问题解答与实例》，人民法院出版社2020年版，第20页。

评估。鉴定意见认定，环境污染损害包括财产损失和污染修复所需费用两部分，重庆市长寿区珍心鲜农业开发有限公司财产损失为27.67万元，污染修复所需费用为9.848万元。重庆市长寿区珍心鲜农业开发有限公司提起诉讼，要求停止侵害、恢复原状、赔偿农产品损失和土壤修复期间损失等费用。

一审法院认为，重庆长寿盐化公司、四川盐业地质钻井大队分别实施了环境污染行为，导致包含重庆市长寿区珍心鲜农业开发有限公司在内的农业基地受到含盐特征污染物的污染。重庆长寿盐化公司、四川盐业地质钻井大队的侵权行为在主观上并不具有关联性，应当根据《侵权责任法》第十一条（《民法典》第一千一百七十一条）的规定承担连带责任。二审法院认为，重庆长寿盐化公司、四川盐业地质钻井大队分别实施了侵权行为，但主观上无侵权意思联络，虽然无法详细区分各自排放污染物数量及污染范围，但单就两污染源各自的侵权行为尚不足以造成本案全部损害。根据《侵权责任法》第十二条（《民法典》第一千一百七十二条）的规定，应由重庆长寿盐化公司、四川盐业地质钻井大队各自承担相应的责任。根据鉴定报告，结合三井位于案涉农业基地西侧约30米，B井位于案涉农业基地西北侧约100米，且C井共发生过两次污染事实，可判断两个污染源中C井的原因力较大，B井的原因力较小。二审法院酌定C井的原因力为60%，B井的原因力为40%。二审改判重庆长寿盐化公司、四川盐业地质钻井大队恢复重庆市长寿区珍心鲜农业开发有限公司被污染土地原状，如逾期未采取恢复措施，则分别按照40%、60%的比例支付修复费用，并按比例赔偿重庆市长寿区珍心鲜农业开发有限公司土壤修复期间的损失及农产品减产损失。

第 四 章

乡风文明

· · ·

乡村振兴，既要"塑形"，也要"铸魂"。做好新时代"三农"工作，必须坚持物质文明和精神文明一起抓，坚持既要"富口袋"，也要"富脑袋"。加强乡风文明建设，既是全面推进乡村全面振兴的重要内容，也是推动乡村全面振兴的重要保障。

一、加快培育文明乡风是乡村振兴的紧迫任务

习近平总书记在十九届中共中央政治局第八次集体学习时明确指出："乡风文明，是乡村振兴的紧迫任务，重点是弘扬社会主义核心价值观，保护和传承农村优秀传统文化，加强农村公共文化建设，开展移风易俗，改善农民精神风貌，提高乡村社会文明程度。"加快培育文明乡风是培育和践行社会主义核心价值观的根本要求，是开展农村移风易俗的迫切要求，是提升乡村社会文明程度的内在要求。

（一）加快培育文明乡风，弘扬社会主义核心价值观

2019 年中央一号文件指出："加强农村精神文明建设。引导农民践行社会主义核心价值观，巩固党在农村的思想阵地。加强宣传教育，做好农民群众的思想工作，宣传党的路线方针和强农惠农富农政策，引导农民听党话、感党恩、跟党走。"2022 年中央一号文件指出："依托新时代文明实践中心、县级融媒体中心等平台开展对象化分众化宣传教育，弘扬和践行社会主义核心价值观。在乡村创新开展'听党话、感党恩、跟党走'宣传教育活动。"加快培育文明乡风，必须以社会主义核心价值观为引领，在乡村培育和践行社会主义核心价值观，切实把社会主义核心价值观贯穿乡村生活的方方面面。

社会主义核心价值观是一个国家的重要稳定器，能否构建具有强大感召力的核心价值观，关系社会和谐稳定，关系国家长治久安。核心价值观从实质上来说，是一种德，既是国家的德、社会的德，也是个人的德。从这一层面来说，必须重视发挥道德价值在核心价值观中的作用。因此，培育文明乡风，弘扬社会主义核心价值观，要以深入推进农村思想政治工作为抓手，不断对广大农民群众开展思想道德教育，以农民群体为中心，发挥优秀传统农耕文化中蕴含的道德教化作用，引导农民群体向上向善，树立良好的乡村文明新风尚。

（二）加快培育文明乡风，推进农村开展移风易俗

2019 年中央一号文件提出："持续推进农村移风易俗工作，引导和鼓励农村基层群众性自治组织采取约束性强的措施，对婚丧陋习、天价彩礼、孝道式微、老无所养等不良社会风气进行治理。"2020 年中央一

号文件提出:"教育引导群众革除陈规陋习,弘扬公序良俗,培育文明乡风。"2022年中央一号文件提出:"推广积分制等治理方式,有效发挥村规民约、家庭家教家风作用,推进农村婚俗改革试点和殡葬习俗改革,开展高价彩礼、大操大办等移风易俗重点领域突出问题专项治理。"加快培育文明乡风,必须推进农村移风易俗活动的开展,破除农村目前存在的一些封建迷信活动和陈规陋习,营造和谐稳定的农村社会环境。

2022年5月,中共中央办公厅、国务院办公厅印发的《乡村建设行动实施方案》提出,深入推进农村精神文明建设。深入开展习近平新时代中国特色社会主义思想学习教育,广泛开展中国特色社会主义和中国梦宣传教育,加强思想政治引领。弘扬和践行社会主义核心价值观,推动融入农村发展和农民生活。拓展新时代文明实践中心建设,广泛开展文明实践志愿服务。推进乡村文化设施建设,建设文化礼堂、文化广场、乡村戏台、非遗传习场所等公共文化设施。深入开展农村精神文明创建活动,持续推进农村移风易俗,健全道德评议会、红白理事会、村规民约等机制,治理高价彩礼、人情攀比、封建迷信等不良风气,推广积分制、数字化等典型做法。

当前,在一些农村地区,封建迷信活动、非法宗教活动有所抬头,农村思想阵地有待进一步强化。此外,农村红白喜事盲目攀比、大操大办,"娶不起""葬不起"等陈规陋习尚未得到有效遏制,农村移风易俗工作迫切需要加强。村民委员会应在村党组织统一领导下,严格按照相应的程序,吸收采纳村民的建议,制定或修订村规民约,出台必要的适度激励和约束性措施,推动乡风文明建设。此外,对于婚丧嫁娶陋习、天价彩礼以及老无所养等不良社会风气,要形成舆论监督机制,坚决予以抵制。

（三）加快培育文明乡风，提升农村社会文明程度

2018 年中央一号文件提出："乡村振兴，乡风文明是保障。必须坚持物质文明和精神文明一起抓，提升农民精神风貌，培育文明乡风、良好家风、淳朴民风，不断提高乡村社会文明程度。"2018 年中央一号文件也相应地提出了到 2035 年"乡风文明达到新高度"的乡村振兴目标。习近平总书记指出："人民有信仰，国家有力量，民族有希望。要提高人民思想觉悟、道德水准、文明素养，提高全社会文明程度。"此外，党的十九大报告在论述"两个阶段"战略安排时，明确提出到 2035 年基本实现社会主义现代化，社会文明程度达到新的高度的目标任务。在新时代，必须加快培育文明乡风，提升农村社会文明程度。

国无德不兴，人无德不立。一个民族、一个人能不能把握自己，很大程度上取决于道德价值。必须以加强思想道德建设为基础，发挥好道德的教化作用，提高农民群众的思想道德水平，树立农村地区良好的道德风尚，提升农村社会文明程度，为乡村振兴提供精神动力和道德滋养。不断巩固农村思想文化阵地。加强新时代文明实践中心建设，加强理论政策宣讲，举办多种形式的文明实践活动。深入开展"听党话、感党恩、跟党走"宣传教育活动，推动宣传教育活动往深里走、往实里走、往心里走。引导广大农民群众坚定信心跟党走，推动乡村文化全面振兴，满足农民精神文化生活新期待。

二、推动乡村公共文化服务建设，丰富乡村文化生活

近年来，各地按照党中央要求，在丰富乡村文化生活方面进行了

有益探索，主要包括以下几个方面。

一是健全公共文化服务体系。健全公共文化服务体系，就是按照有标准、有网络、有内容、有人才的要求，发挥县级公共文化机构辐射作用，推进基层综合性文化服务中心建设，实现乡村两级公共文化服务全覆盖，提升服务效能。

二是增加公共文化产品和服务供给。各地大力推进文化惠民，为农村地区提供更多、更好的公共文化产品和服务。开展"菜单式""订单式"服务。不断加强公共文化服务品牌建设，推动形成具有鲜明特色和社会影响力的农村公共文化服务项目。

三是广泛开展群众性文化活动。大力开展农民群众乐于参与、便于参与的文化活动，让农民群众在多姿多彩、喜闻乐见的文化活动中获得精神滋养、增强精神力量。

各地乡村文化生活不断丰富，但同时也面临一些问题和挑战。比如，乡村文化设施等"硬件"依然短缺；乡村文化人才等"软件"配置不足；乡村文体活动质量有待提高，特别是针对留守儿童、农村老人等特殊群体开展的文化活动还有待进一步丰富。《乡村振兴促进法》强调，"鼓励开展形式多样的农民群众性文化体育、节日民俗等活动"，并对健全完善乡村公共文化体育设施网络和服务运行机制等方面作出详细规定，为丰富乡村文化生活提供了法律依据。①

①《乡村振兴促进法》第三十一条规定："各级人民政府应当健全完善乡村公共文化体育设施网络和服务运行机制，鼓励开展形式多样的农民群众性文化体育、节日民俗等活动，充分利用广播电视、视听网络和书籍报刊，拓展乡村文化服务渠道，提供便利可及的公共文化服务。各级人民政府应当支持农业农村农民题材文艺创作，鼓励制作反映农民生产生活和乡村振兴实践的优秀文艺作品。"

（一）支持农村公共文化服务建设

《乡村振兴促进法》第三十一条规定，各级人民政府应为乡村提供便利可及的公共文化服务。随着经济社会发展，应不断加大对农村公共文化服务和文化建设的投入，并建立以公共财政为主导的多元化投入机制。要扩大乡村文化惠民工程覆盖面，支持建设农村文化礼堂、文化广场，提升农村公共文化服务能力，推动基层公共文化服务优质均衡发展。

（二）健全公共文化服务体系

《乡村振兴促进法》第三十一条规定，"各级人民政府应当健全完善乡村公共文化体育设施网络和服务运行机制"。各地应当不断完善公共文化服务网络，满足农民群众享受更好的读书看报、看电视、听广播、参加公共文化活动等基本公共文化服务需求，提升农民群众的文化获得感。要加快构建农村广播、电视、网络现代化传输覆盖体系，统筹推进基层综合性文化服务中心建设，在乡村统筹建设集宣传文化、党员教育、科技普及、普法教育、体育健身于一体的综合性文化服务中心。加强农村全民健身场地设施建设。

（三）广泛开展群众文化体育活动

《乡村振兴促进法》第三十一条规定："各级人民政府应当鼓励开展形式多样的农民群众性文化体育、节日民俗等活动。"应从农村实际出发，大力开展农民群众乐于参与、便于参与的文化体育活动，让农民群众在多姿多彩、喜闻乐见的文化体育活动中获得精神滋养、增强精神力量。经常组织开展地方戏曲汇演，支持举办乡村春晚等文化活动，不断激发乡村文化创造力。支持因地制宜组织开展农耕农趣农味农民体育活动，可以避开农忙时节，结合农时农事农季，创设、推广一批美丽乡村健康跑、乡村广场舞等农民体育活动，努力做到农体融合、文体融合，调动农民群众健身的积极性、主动性，让农民愿参与、能参与、乐参与。

（四）增加公共文化产品和服务供给

《乡村振兴促进法》第三十一条规定："各级人民政府应当支持农业农村农民题材文艺创作，鼓励制作反映农民生产生活和乡村振兴实践的优秀文艺作品。"这为有效加大农村公共文化产品和服务供给提供了重要遵循。

一方面，应当加大"三农"题材文艺创作生产支持力度，引导文化艺术团体深入挖掘全面推进乡村振兴进程中的重大事件、重大成果、先进事迹、鲜活事例，以戏曲、曲艺、音乐、舞蹈等群众喜闻乐见的艺术形式为载体，创作推出一批展示当前乡村振兴重大成就、反映当代农民精神风貌的优秀文艺作品。另一方面，应当持续组织开展送文化下乡、送电影下乡、送戏曲下乡活动，把优秀精神文化产品和服务送到农民群众身边。

三、传承和发展农村优秀传统文化

乡村是根，文化是魂。乡村文化作为我国社会主义文化体系的重要组成部分，凝聚着乡土之美、人文之美，既要传承，也需发展。2013年中央农村工作会议指出："农耕文化是我国农业的宝贵财富，是中华文化的重要组成部分，不仅不能丢，而且要不断发扬光大。"习近平总书记的重要讲话为保护传承农村优秀传统文化指明了方向。《乡村振兴促进法》将保护农业文化遗产和非物质文化遗产、传承和发展优秀传统文化等要求写入法律，并对历史文化名镇名村、传统村落和乡村风貌、少数民族特色村寨的保护等方面作出明确规定，为保护和传承农村优秀传统文化提供了法律遵循。[①]

（一）实施农村优秀传统文化保护传承行动

划定乡村建设的历史文化保护线，保护好文物古迹、传统村落、民族村寨、传统建筑、农业遗迹等。开展中国重要农业文化遗产认定，优化空间布局和农业生产生态类型结构，加强遗产地核心要素系统性保护和活态传承发展。加强农业文化遗产展示宣传，大力推进转化创新，探索合理利用模式路径，依托农业文化遗产资源，发展休闲农业、农耕体验等农文旅结合新业态，让遗产地农民群众在保护传承利用农村优秀传统文化中增强获得感。

（二）完善保护传承农村优秀传统文化法律制度体系

《乡村振兴促进法》第三十二条规定，"各级人民政府应当采取措施保护农业文化遗产和非物质文化遗产""县级以上地方人民政府应当加强对历史文化名镇名村、传统村落和乡村风貌、少数民族特色村寨

---

① 《乡村振兴促进法》第三十二条规定："各级人民政府应当采取措施保护农业文化遗产和非物质文化遗产，挖掘优秀农业文化深厚内涵，弘扬红色文化，传承和发展优秀传统文化。县级以上地方人民政府应当加强对历史文化名镇名村、传统村落和乡村风貌、少数民族特色村寨的保护，开展保护状况监测和评估，采取措施防御和减轻火灾、洪水、地震等灾害。"

的保护，开展保护状况监测和评估，采取措施防御和减轻火灾、洪水、地震等灾害"。《乡村建设行动实施方案》提出，加强历史文化名镇名村、传统村落、传统民居保护与利用，提升防火防震防垮塌能力。保护民族村寨、特色民居、文物古迹、农业遗迹、民俗风貌。将这些原则性规定落到实处，需要加快完善相关法律制度体系。要加快推进传统工艺保护、农业种业资源保护等方面法律法规的出台，研究制定有关传统村落保护、农业文化遗产保护等方面的法律法规。同时，在县级层面应健全保护和管理制度，明确管理部门，切实将农村优秀传统文化遗产保护和传承落到实处。

（三）加大传统村落保护力度

要把保护传统村落作为全面推进乡村振兴的重要任务，坚持保护优先、突出特色、合理利用、活态传承、共治共享。完善传统村落调查，建立国家和地方传统村落名录。健全传统村落保护制度框架和政策体系，提升传统村落可持续发展能力，既保留传统风貌和乡土味道，又满足农民对现代文明生活的向往和需要，实现保护、利用、传承的有机统一。通过吸引社会力量，实施"拯救老屋"行动，开展乡村遗产客栈示范项目，探索古村落古民居利用新途径，促进古村落的保护和振兴。尊重农民主体地位，打造特色传统村落乡村旅游品牌，调动原住民保护传统村落传统民居积极性。广泛开展"记住乡愁"等传统村落保护活动，通过"复活"整村风貌、挖掘资源优势、突出文化宣传，提升保护传统村落力度。加快建立传统村落保护发展管理制度和防火技术支撑体系，加快传统村落保护立法，更好统筹传统村落保护、发展和安全。开展传统村落保护状况监测评估，定期向社会公开发布监测评估报告，营造重视传统村落保护的社会氛围。

四、发展乡村特色文化产业

　　发展乡村特色文化产业是乡村文化建设的重要内容，是繁荣活跃乡村文化市场的重要抓手，是推进农村一二三产业融合的重要途径。近年来，各地按照党中央要求，在发展乡村特色文化产业方面进行了有益探索。如以体验和展现乡村特色文化魅力为纽带，链接乡村生产、生活、民俗、农舍、休闲、养生、田野等元素，打造乡村特色文化产品，构建乡村特色文化产业链条；挖掘具有农耕特质、民族特色、地域特色的民间艺术、戏曲曲艺、手工技艺、民族服饰等文化产品，不断提高传统工艺品质，注重培育地域品牌；在传承传统工艺的同时，注重引进现代化理念和技术。例如，通过直播生产过程等手段扩大乡村特色文化产品的影响，使乡村特色文化产业焕发生机。

　　当然，乡村特色文化产业发展仍面临一些问题和挑战。例如，乡村文化产品需求旺盛，高质量产品供给不足；文化产品种类单一，难以满足多样化需求；一些地方发展乡村特色文化产业一哄而上，同质化问题严重。习近平总书记强调指出，"要让活态的乡土文化传下去，深入挖掘民间艺术、戏曲曲艺、手工技艺、民族服饰、民俗活动等非物质文化遗产。要把保护传承和开发利用有机结合起来，把我国农耕文明优秀遗产和现代文明要素结合起来，赋予新的时代内涵"。习近平总书记的重要指示精神为发展乡村特色文化产业指明了方向。《乡村振兴促进法》在发展乡村特色文化产业方面作出了明确规定，为发展乡村特色文化产业提供了法律遵循。①

（一）建设农村优秀传统文化展示区

坚持规划引领、典型示范，支持部分已认定的中国重要农业文化遗产地开展农村优秀传统文化展示区建设，开展中国重要农业文化遗产核心保护区边界划定，加强标识设置，通过组织专题展览、线上直播展示、教育培训等多种方式，加强农业文化遗产宣传推介和科学普及，提高公众遗产保护意识和文化自信，弘扬优秀农耕文化。支持有条件的乡村依托古遗址、历史建筑、古民居等历史文化资源，建设遗址博物馆、生态博物馆、户外博物馆等，通过对传统村落、街区建筑格局、整体风貌、生产生活等传统文化和生态环境的综合保护与展示，再现乡村文明发展轨迹。

（二）支持发展文化产业特色村落

结合美丽乡村建设，深入挖掘村落特色文化符号，盘活地方和民族特色文化资源，走特色化、差异化发展之路。开发传统节日文化用品和武术、戏曲、舞龙、舞狮、锣鼓等民间艺术及民俗表演节目，促进村落传统文化"活起来"。引导企业家、文化工作者、退休人员、文化志愿者等投身乡村文化建设，通过设立非物质文化遗产传习所、民间文化大师工作坊、乡村特色文化产业孵化基地，丰富传统村落文化

---

① 《乡村振兴促进法》第三十三条规定："县级以上地方人民政府应当坚持规划引导、典型示范，有计划地建设特色鲜明、优势突出的农业文化展示区、文化产业特色村落，发展乡村特色文化体育产业，推动乡村地区传统工艺振兴，积极推动智慧广电乡村建设，活跃繁荣农村文化市场。"

业态。推动特色村落文化、旅游与其他产业深度融合、创新发展。实施中国传统工艺振兴计划，帮助乡村群众掌握一门手艺或技术。支持具备条件的地区搭建平台，整合资源，提高传统工艺产品的设计、制作水平，培育具有市场影响力的地域品牌。

（三）支持发展乡村特色文化体育产业

创新财政支持政策，通过以奖代补等方式扶持乡村特色文化体育产业项目建设。参照有关规定，出台市场准入、资格认定、价格调节、财税优惠等政策，鼓励引导社会资本发展乡村特色文化体育产业。简化准入程序，减少审批环节，在立项审批、政府采购、投资核准、融资服务、土地使用、人才引进、资源分配等方面开辟"绿色通道"，优化营商环境，为乡村特色文化体育产业发展创造有利条件。

（四）实施数字乡村建设发展工程

坚持整体规划、分步实施，推进数字技术与农村生产生活深度融合，持续开展数字乡村试点。加强农村信息基础设施建设，深化农村光纤网络、移动通信网络、数字电视和下一代互联网覆盖，进一步提升农村通信网络质量和覆盖水平。加快建设农业农村遥感卫星等天基设施。建立农业农村大数据体系，推进重要农产品全产业链大数据建设。发展智慧农业，深入实施"互联网＋"农产品出村进城工程和"数商兴农"行动，构建智慧农业气象平台。推进乡村管理服务数字化，推进农村集体经济、集体资产、农村产权流转交易数字化管理。推动"互联网＋"服务向农村延伸覆盖，推进涉农事项在线办理，加快城乡灾害监测预警信息共享。深入实施"雪亮工程"。深化乡村地名信息服务提升行动。

↓↓↓

"中国农民丰收节"提升农民幸福感 ①

经党中央批准、国务院批复的"中国农民丰收节",让农民有了自己的节日。"中国农民丰收节"的设立,彰显了党和国家对"三农"的重视,对农民的肯定和深切关怀,有利于促进农业农村快速发展。

中国是农业大国,农民占我国人口的大多数,农耕文化历史悠久,源远流长。农民在历史发展过程中发挥着重要作用,广大农民在革命、建设、改革各个历史时期都作出了重大贡献。新时代的农民,更是有着神圣的使命——脱贫攻坚、全面建成小康社会、乡村振兴战略等,都需要农民的支持和努力,唯有如此,才能汇聚起更加磅礴的力量。

"中国农民丰收节"有其独特的功能性。农民是农业农村发展的主体,也是脱贫攻坚、全面建成小康社会、实施乡村振兴战略的主体。推进农业农村发展,是为了农民,也要依靠农民。"中国农民丰收节"可以引起人们对"三农"的关注和重视,营造重农强农的浓厚氛围,凝聚爱农支农的强大力量,推动乡村振兴战略实施,促进农业农村加快发展。

"中国农民丰收节"有其独特的文化性。节日形成是一个民族或国家历史文化长期积淀凝聚的过程。我国劳动人民创造的节日文化,可谓最具活力和影响力、最具民族特色和个性的文化。"中国农民丰收节"

---

① 参见田影影:《"中国农民丰收节"提升农民幸福感》,中国青年网 2018 年 6 月 22 日。

作为一个鲜明的文化符号，是我国农业文明的一个缩影，被赋予新的时代内涵，有助于宣传展示农耕文化的悠久厚重，推动传统文化和现代文明有机融合，增强文化自信心和民族自豪感。

"中国农民丰收节"有其独特的历史性。这是第一个在国家层面专门为农民设立的节日。设立一个节日，由中央政治局常委会专门审议，这是不多见的。2018年是脱贫攻坚的关键时期、全面建成小康社会的决胜阶段、实施乡村振兴战略的开局之年，设立"中国农民丰收节"，顺应了新时代的新要求、新期许。

设立"中国农民丰收节"，给农民一个别具匠心的节日，通过举办一系列的具有地方特色、民族特色的农耕文化、民俗文化活动，展示广大农民的劳动成果和新时代新农民的精神风貌，为农民群众提供更为多元的公共文化服务，极大地调动亿万农民的积极性、主动性、创造性，提升亿万农民的荣誉感、幸福感、获得感，更好实现农民对美好生活的向往。

第 五 章

治理有效

. . .

　　和谐稳定的社会环境是乡村振兴的前提保障。没有乡村的有效治理，就不可能有乡村的全面振兴。我国农村自改革开放以来发生了翻天覆地的变化，传统的治理方式已经不能满足经济和社会的发展要求。2018年中央农村工作会议强调："创新乡村治理体系，走乡村善治之路。"经过长期的实践探索，我们党对社会治理的认识上升到了一个新的高度，社会治理理念、治理主体、治理方式、治理范围、治理重点等方面都得到发展，逐渐构建起了由政府、市场与社会多元主体组成的一种社会共治模式，正在推动形成自治、法治、德治三治相结合的乡村治理体系。

一、调整完善乡村社会治理体制和治理体系

　　自改革开放以来，党领导下的村民自治乡村治理格局逐渐形成和完善，社会形势总体良好，农村社会大局稳定。但我国乡村治理体制

机制与实施乡村振兴战略的要求相比，还存在不健全、不适应的地方。例如，农村在与城市融合发展的体制机制上还不够健全，与城镇相比，在基础设施的建设和管理上还有较大差距，加上农村公共服务和社会事业等方面的滞后，使农民群众的幸福感和获得感不足；农村基层组织体系还不够健全，有些地方存在农村基层组织软弱涣散的问题，基层组织不能有效组织和带动农民，使农民群众缺乏归属感和向心力；农村德治需要实化，有些地方黄赌毒、封建迷信、大操大办、奢侈攀比等不正之风有所抬头，农村社会风气需要进一步净化；农村社会秩序维护存在薄弱环节，一些地方的基层干部和农民法治意识淡薄，部分地方的治安形势有待改善，影响了农民群众的安全感和满意度。

（一）建立健全现代乡村社会治理体制

推进乡村治理体系和治理能力现代化，必然要求进一步完善党委领导、政府负责、民主协商、社会协同、公众参与、法治保障、科技支撑的社会治理体系。完善现代化的乡村治理体系，必然要坚持党委领导这一根本，进一步完善政府负责制，拓展民主协商渠道，加强社会协同，进一步提高公众参与度，发挥法治的保障作用，加强科技对乡村治理的支撑作用。将以上七方面有机结合，共同推动乡村社会治理的现代化。

1. 加强农村基层党组织建设

根据基层党建的要求，构建完善农村党委领导体制，充分发挥党委在乡村社会治理中总揽全局、协调各方的领导作用，全方位加强和完善党对乡村治理工作的领导，各地党委要根据实际情况，实事求是地研究和及时解决乡村治理中的重大问题。

2. 构建和完善政府负责体制

政府要充分发挥在乡村社会治理中的作用，按照职责要求全面正确履行职责，比如，通过列明工作任务清单的形式，将该由政府管理的农村社会事务管好、管到位。

3. 坚持和完善多元主体协商机制

充分发挥协商民主在乡村社会治理中的作用，把有事好商量、遇事多商量、做事先商量、众人的事情由众人商量的协商机制制度化，通过协商民主的方式，努力将人民群众的意愿和要求融入乡村社会的治理实践中。

4. 充分发挥群团组织、各类社会组织的作用

鼓励和支持各类群团组织、社会组织参与乡村治理，加强政府对群团组织、社会组织参与乡村治理工作的指导。加强群团组织、社会组织参与乡村治理的分工、协作、配合等。

5. 引领和推动村民参与乡村治理

村民参与乡村治理是直接民主的重要表现形式，是有效实现人民当家作主的重要途径。健全现代化乡村治理体制，要通过法治的方式保障村民实现自我管理、自我服务、自我教育、自我监督，真正实现乡村治理过程人民参与、治理成效人民评判、治理成果人民共享。

6. 充分发挥法治在乡村治理中的作用

加强乡村治理相关法律法规和有关政策制度的制定完善工作，善于运用法治思维和法治方式化解矛盾、破解难题、促进和谐，充分发挥法治对乡村治理的引领、规范和保障作用。

7. 充分运用现代化科技和手段为乡村治理提供支撑

要充分运用现代科技和信息化手段，把大数据、云计算和物联网等各种信息数据运用到乡村治理的实践中，为提升乡村治理整体效能、不断提高现代化治理水平提供有力支撑。

要完善党组织领导的乡村治理体系，推行网格化管理和服务，做到精准化、精细化，推动建设充满活力、和谐有序的善治乡村。

（二）推动自治、法治、德治"三治"有机结合

党的十九大报告首次提出健全自治、法治、德治相结合的乡村治理体系。2018年中央一号文件对三者的关系作了详细阐述。

1. 以自治增活力

《村民委员会组织法》提出的自我管理、自我服务、自我教育的目标，要依靠自治加以实现。自治是村民的自我治理，是培养农民群众自我意识、自律能力的重要内容。通过自治，能够促进农民群众从治理的对象向治理的主体转型，从而激发农民群众参与乡村治理的积极性、主动性，最终实现共建、共享、共治格局。增强村民自治组织能力，有效拓展村民参与乡村治理的渠道，加强自治组织规范化建设，丰富村民参与村级公共事务的平台。拓展村民自治的活动和形式，比如，丰富村民的议事协商形式，创新议事协商形式和活动载体，健全村级议事协商制度，鼓励农村开展各类协商活动，构建民事民议、民事民办、民事民管的多层次基层协商格局。

2. 以法治强保障

乡村在社会发展过程中，社会结构变化较大、利益分化十分明显，法治手段能够为化解农民群众内部的矛盾提供坚实保障，维护农村社会的安定有序。法治是以制度安排和规则程序，对人们的行为加以规范，增强农民群众自觉遵守法律的能动性。完善调解、仲裁、行政裁

决、行政复议、诉讼等有机衔接、相互协调的多元化纠纷解决机制。充分发挥人民法庭在乡村治理中的作用，加强乡村法律顾问工作，健全乡村基本公共法律服务体系。规范农村基层行政执法程序，严格按照法定职责和权限执法，将政府涉农事项纳入法治化轨道。通过各种途径，深入开展乡村法治宣传教育和"法律进乡村"活动，培育一批"法治带头人"。

3. 以德治扬正气

德治通常是以社会舆论、风俗习惯、信仰信念等形式，正面引导人们的价值取向和发展方向。德治的目标之一是培育农民群众对乡土人情、道德规范的情感认同，构建起乡村治理的文化基础。德治具有明显的引导、教化作用，有助于发挥道德的引领、规范和约束作用，推动社会主义核心价值观落细落小落实，全面推行移风易俗。村民道德建设是一项庞大的系统工程，要通过加强社会公德、职业道德、家庭美德和个人品德教育相结合的方式多角度全方位构建起村民道德建设。广泛开展农村道德模范、最美邻里、身边好人等选树活动，开展乡风评议，开展乡村文化体育活动，弘扬道德新风、挖掘文化内涵。

自治、法治、德治在乡村治理中既相互独立又紧密联系，三者共同构成了乡村治理的有机整体，要健全党组织领导的自治、法治、德治相结合的乡村治理体系。法治和德治都需要在自治的基础上落实，法治是乡村治理体系的保障，自治、德治都要在法律的框架下进行；以德治教化和道德约束支撑自治、法治，有利于提升自治与法治的效能。综合运用自治、法治、德治，多个层面共同发力，充分发挥其系统功能、整体效果，统筹乡村治理各要素、各环节，集中资源，有效实现乡村治理的愿景目标，推动乡村治理能力现代化。

（三）强化乡镇的服务功能

乡镇的位置特殊，处于上接城市、下连农村的关键节点位置，是全面推进乡村振兴的"火车头"。地方各级人民政府应当加强乡镇人民政府社会管理和服务能力建设，加快乡镇政府职能转变，提升服务效能，不断增强乡镇的服务功能。

1. 增强乡镇在乡村治理中的作用

完善乡村治理制度，乡镇党委要充分发挥领导作用，加强对乡镇和村各类组织、各项工作的领导，落实抓农村基层党组织建设和乡村治理的直接责任，乡镇党委书记和乡镇党委领导班子要包村联户，及时研究解决农村基层党建、乡村治理和群众生产生活等方面的问题。对于关系群众生活和安全的领域，如社会治安、食品安全、道路交通安全、矛盾纠纷化解等方面，乡镇政府要强化监督和管理，有效预防和化解农村社会的矛盾隐患。

2. 增强乡镇提供公共服务的功能

要加强乡镇公共服务和基础设施的规划建设，为增强乡镇公共服务能力打下物质基础。通过加大乡镇基本公共服务投入，不断完善农村义务教育、医疗卫生、社会保险、劳动就业、文化体育等基本公共服务，推进乡镇现有公共服务资源的优化整合，推动优质公共服务资源向农村延伸，切实让乡村公共服务水平得以提升。充分规划和利用公共服务资源，加大公共服务资源的利用率，通过加强乡镇中小学、乡镇卫生院、农业技术推广站等条件建设，形成区域性服务中心。要推动推进"放管服"改革和"最多跑一次"改革向基层延伸，整合乡镇和县级部门派驻乡镇机构承担的职能相近、职责交叉的工作事项，建立集综合治理、市场监管、综合执法、公共服务等于一体的统一平台，实行"一门式办理、一站式服务"。

3. 增强乡镇促进乡村经济发展的作用

乡镇承担促进乡村经济发展的重要职能，具有空间经济的属性。要支持农产品批发市场、加工流通企业向镇域集聚，发展乡村产业经济，推动农村一二三产业的有效融合与有机衔接，打造加工在镇、基地在村、增收在户的乡村经济发展模式。支持在乡镇因地制宜地发展农资供应、土地托管、统防统治、烘干收储等生产性服务业，根据实际情况发展餐饮休闲、物流配送、养老托幼等生活性服务业。同时，要支持乡镇发展劳动密集型产业，有条件的地方可以建设产业集群，构建乡村经济发展的新增长点，促进乡村经济繁荣、充满活力。

二、推进和完善村民自治制度

党的十九届四中全会提出，要健全基层党组织领导的基层群众自治机制，在城乡社区治理、基层公共事务和公益事业中广泛实行群众自我管理、自我服务、自我教育、自我监督。习近平总书记强调指出："要以党的领导统揽全局，创新村民自治的有效实现形式，推动社会治理和服务重心向基层下移。要丰富基层民主协商的实现形式，发挥村民监督的作用，让农民自己'说事、议事、主事'，做到村里的事村民商量着办。"

基层群众自治制度是我国一项基本政治制度。《宪法》以国家根本大法的形式，确立了基层乡村自治制度。《宪法》第一百一十一条规定："城市和农村按居民居住地区设立的居民委员会或者村民委员会是基层群众性自治组织。居民委员会、村民委员会的主任、副主任和委员由居民选举。居民委员会、村民委员会同基层政权的相互关系由法律规定。居民委员会、村民委员会设人民调解、治安保卫、公共卫生等委员会，办理本居住地区的公共事务和公益事业，调解民间纠纷，协助维护社会治安，并且向人民政府反映群众的意见、要求和提出建议。"1987年颁布的《村民委员会组织法（试行）》进一步明确了农村自治组织的行为准则和制度规范。

改革开放以来，我国在乡村治理的探索过程中，逐步建立起了党领导下的村民自治制度，奠定了乡村治理的组织基础，有效实现了村民的自我管理、自我教育和自我服务。但随着形势的发展，一些突出矛盾和问题也逐渐显现出来。例如，村干部存在老龄化、思想僵化、能力弱化的"三化"问题，不能有效为村民提供服务；一些村民委员会不依法履行其应当担负的自治职责，在本应由村民会议或村民代表会议决定的事项上搞"一言堂"，未能充分履行村民委员会的民主自治职责；乡、村两级的指导与被指导的关系模糊化甚至偏离法律的制度设计，演变成领导与被领导的关系，村民委员会偏离了其制度设计应有的群众性自治组织的属性。为了切实维护农民在乡村治理中的主体地位，提升农民群众参与的积极性和能力，激发参与乡村振兴的内生动力，要采取针对性措施，深入推进村民自治制度，探索村民自治有效实现形式。

（一）村民委员会的性质与任务

村民委员会是农村村民实现自我管理、自我教育、自我服务的基层群众性自治组织，是农村基层群众实行民主选举、民主决策、民主管理、民主监督的组织形式。村民的自我管理就是农民群众自己管理自己和自己约束自己，自己管理本村的事务。自己协调和处理村民之间、邻里之间、村民与村民委员会之间的关系；每个村民对于本居住地区的行为规范，以及违反了村规民约如何处理等，在与法律法规不冲突的情况下，由村民自己来决定。自我教育就是通过开展基层群众自治活动，使村民受到法治教育、道德教育和民主教育等各种教育。在这个过程中，教育者和被教育者是一个有机的统一体，自我服务就是村民自己有组织地为自身的生产、生活提供服务。自己根据需要决定兴办什么样的服务项目，服务所需的费用，由村民群众自己筹集。当前的村民自治实践中，自我服务主要有两个方面的内容：一是社会服务，兴办公共事务和公益事业，如修桥铺路，兴办托儿所、养老院等；二是生产或生活服务，主要是为农业生产的产前产中或产后提供各种服务，如播种、灌溉、植保、收割、销售等。

公共事务是指与本居住地区村民生产和生活直接相关的事务，公益事业是指本居住地区的公共福利事业。村民委员会的任务之一就是在双方当事人自愿平等的基础上，依法调解和化解邻里之间、家庭内部之间、居民或村民之间发生的各类纠纷。协助维护社会治安主要是开展治安防范，开展法治宣传和教育，配合有关部门开展综合治理工作等。村民委员会是基层群众同基层人民政府进行联系的纽带和桥梁，一方面要把收集到的群众意见和要求及时反映给政府；另一方面要把政府的法规政策等及时讲解传达给村民。根据《村民委员会组织法》的规定，村委会的职责是：支持和组织村民依法发展各种形式的合作经济和其他经济，承担本村生产的服务和协调工作，促进农村生产建设和经济发展；管理本村属于村农民集体所有的土地和其他财产，引导村民合理利用自然资源，保护和改善生态环境；尊重并支持集体经济组织依法独立进行经济活动的自主权，维护以家庭承包经营为基础、统分结合的双层经营体制，保障集体经济组织和村民、承包经营户、联户或者合伙的合法财产权和其他合法权益；宣传宪法、法律、法规和国家的政策，教育和推动村民履行法律规定的义务、爱护公共财产，维护村民的合法权益，发展文化教育，普及科技知识，促进男女平等，做好计划生育工作，促进村与村之间的团结、互助，开展多种形式的社会主义精神文明建设活动；支持服务性、公益性、互助性社会组织依法开展活动，推动农村社区建设。多民族村民居住的村，村民委员会应当教育和引导各民族村民增进团结、互相尊重、互相帮助。

（二）正确认识村民委员会与基层人民政府的关系

村民委员会是基层群众性自治组织，这就决定了它与基层人民政府的关系不是上下级的关系，只能是指导与被指导、协助与被协助的关系，也就不是领导与被领导的关系。如果不能摆正村民委员会与基层人民政府的关系，若是将其确定为领导与被领导的关系，那么村民委员会就会成为实际上的"一级政府"，这就必然使基层政府把大量的行政工作压给村民委员会，或者政府直接代替基层群众自治组织的行为，这都会影响基层群众自治。《村民委员会组织法》对上述关系作了具体规定，要求乡、民族乡、镇的人民政府对村民委员会的工作给予指导、支持和帮助，但是不得干预依法属于村民自治范围内的事项。村民委员会协助乡、民族乡、镇的人民政府开展工作。

（三）发挥村民自治组织的作用

村民委员会由村民直接选举产生，由主任、副主任和委员共 3—7 人组成。村民委员会成员不得由任何组织或者个人指定、委派或者撤换。村民委员会每届任期 5 年，其成员可以连选连任。村民委员会成员只要没有因为刑事案件被法院判决剥夺政治权利，且是本村年满 18 周岁的村民，就享有选举权和被选举权。选举由独立的村民选举委员会主持，候选人由村民直接提名。村民委员会实行差额选举，候选人的名额应当多于应选名额。

2016 年，中共中央办公厅、国务院办公厅发布《关于以村民小组或自然村为基本单元的村民自治试点方案》，民政部等 6 部门联合确认了 24 个国家级试点单位，江苏等省开展了省级试点。2018 年，修改后的《村民委员会组织法》发布，进一步明确了村民委员会任期等规定。各地要根据实际情况尽快完善村民（代表）会议制度，推进民主选举、民主协商、民主决策、民主管理、民主监督实践。加强自治组织规范化建设，拓展村民参与村级公共事务平台。充分发挥村民委员会、群防群治力量在公共事务和公益事业办理、民间纠纷调解、治安维护协助等方面的作用。

（四）规范村民议事协商和自治组织运行

随着我国中西部地区农村大量人口向城镇迁移，东部地区农村其他外来人口大量涌入，传统村庄的封闭性和稳定性被打破，农村社会结构发生深刻变动，这就要求处理好农村"走出去"与"留下来"、"老村民"与"新村民"的关系，搭建符合当前和未来发展形势的议事协商机制。2015 年 7 月，中共中央办公厅、国务院办公厅印发《关于加强城乡社区协商的意见》，提出要明确协商内容，确定协商主体，拓展协商形式，规范协商程序，运用协商成果。健全村级议事协商制度，创新议事协商形式，丰富议事协商载体，依托村民会议、村民代表会议、村民议事会、村民理事会、村民监事会等搭建多种形式的议事平台。全面推行民情恳谈会、事务协调会、工作听证会、成效评议等制度，引导村民主动关心、支持乡村发展，有序参与到乡村建设和管理中来，增强村民的主人翁意识。

自 2004 年在浙江省武义县后陈村诞生我国第一个村务监督委员会开始，十几年来，基层民主监督机制得到不断发展和完善。2017 年 12 月，中共中央办公厅、国务院办公厅印发《关于建立健全村务监督委员会的指导意见》，就建立健全村务监督委员会制度提出了具体的指导意见，明确了村务监督委员会的人员组成、职责权限、工作方式和管理考核等方面的内容，并提出村务监督委员会要重点加强村务决策和公开、村级财产管理、村工程项目建设、惠农政策措施落实、农村精神文明建设及其他应当监督的情况。目前，全国行政村基本全部建立了村务监督委员会。

村规民约是村民自制的行为规范，是村民实现自我管理、自我服务、自我教育、自我监督的行为规范，合法合理务实的村规民约有利于引导农民群众有序参与村庄事务、加强乡村治理、弘扬公序良俗等。2017 年，民政部面向全国开展优秀村规民约征集活动，评选推广了一批优秀的村规民约。2018 年 12 月，民政部、中央组织部、农业农村部等 7 部门联合发布《关于做好村规民约和居民公约工作的指导意见》，提出到 2020 年全国所有村普遍制定或修订形成务实管用的村规民约，指导各地要加强村党组织领导和把关，明确村规民约一般应包括规范日常行为、维护公共秩序、保障群众权益、调解群众纠纷、引导民风民俗 5 个方面内容，制定修订程序一般包括征集民意、拟定草案、提请审核、审议表决、备案公布 5 个步骤。

三、加强农村社会组织建设

习近平总书记强调，加强和创新农村社会管理，要以保障和改善农村民生为优先方向，树立系统治理、依法治理、综合治理、源头治理的理念，确保广大农民安居乐业、农村社会安定有序。农村社会组织是由农村居民发起成立的社会组织，农村社会组织主要是在农村开展为民服务、公益慈善、邻里互助、文体娱乐和农村生产技术服务等活动。

农村社会组织是建立在组织规则基础上的，这与传统的以亲情为纽带的互助合作不完全相同。农村社会组织在农村地区的建设和发展有利于弥补农村社会治理中存在的不足。农村地区过去的整体氛围对村民互助以及亲情互助较为依赖，而对规则和法治的认可度不高，社会组织的参与有利于改变这一现状，有利于重塑农村社会关系。社会组织的建设和发展，对加强社区治理体系建设、推动社会治理重心向基层下移、打造共建共治共享的社会治理格局具有重要作用。

当前，农村群团组织、社会组织没有得到足够的重视，群团组织作用不明显，社会组织发展缓慢。农村社会组织的种类和数量都远远不够，发展规范性差，分布不均衡。农民群众对政府的依赖性仍然较大，民主意识淡薄，自我组建农村社会组织的意识不强，参与乡村治理的主动性和积极性不高。

（一）加强基层群团组织建设

积极推动农村基层治理创新，以加强农村基层群团组织建设为着力点，广泛拓宽农村妇女、青年等群体参与农村基层治理的多元化渠道，为村民加入基层群团组织创造更加广阔的空间。统筹基层群团组织资源配置，根据有利于服务基层治理和乡村自治的目的，深化群团组织改革，推动改革不断向基层延伸，健全联系妇女、青年等群体的组织体系，强化基层群团组织的政治功能、社会功能，改革创新体制机制，支持群团组织承担农村公共服务职能。

（二）加快农村社会组织培育

要提高对农村社会组织的认识。农村社会组织是实现乡村振兴战略的重要力量，但目前农村的社会组织亟待发展完善，要切实根据农民群众的需要建设农村社会组织，切实把农村社会组织的培育发展情况作为乡村振兴的重要内容，把加强农村社会组织培育落到实处。根据乡村建设情况，在文化、教育、农业等多方面加强农村社会组织建设，不断壮大农村社会组织的志愿服务队伍，引导社会组织有序参与到乡村治理体系中，充分发挥农村社会组织在巩固拓展脱贫攻坚成果、就业创业、生产互助、卫生健康、文化体育、社会治安、纠纷调解、生活救助、减灾救灾、留守人员关爱等方面的作用。

（三）提升社会组织专业服务能力

发展农村社会组织，要有一批专业化程度较高的专业人才队伍。

首先，应该加强社会组织的专业人才队伍建设，可以通过积极引进高校毕业生、优秀人才参与农村社会组织建设，对引进的专业人才在劳动保障、政策补贴等方面给予倾斜。其次，要加强农村社会组织的专业人才培养，不断健全教育培训体系，通过业务培训提升人才专业素养，弥补现阶段人员不足、素质较低的人力资源短板。再次，各地可根据实际情况积极引导社会组织间加强交流合作，通过交流有利于进一步掌握更加精准的供求信息，从而为村民提供针对性更强的产品和服务。不断提升农村社会组织成员的法治精神、内省精神，以理性平和的方式加强与政府部门的交流合作，保证组织健康发展。最后，发挥典型示范作用，加强重点公益性社会组织的宣传，不断提升农村社会组织的品牌影响力，形成以点带面、上下合力的发展局面。

（四）营造社会组织良好发展环境

营造社会组织良好发展环境必须提高农民参与农村社会组织建设和发展的积极性与主动性，这就要求向农民群众宣传新思想、新观念，不断提高农民群众的民主意识和参与意识。营造社会组织良好发展环境还需要不断理顺政府与社会组织的关系，积极拓宽农村社会组织的发展空间。政府尤其是基层政府要给予农村社会组织平等公正的发展地位与空间，拓宽政府和农村社会组织协商对话的渠道，不断培育信任、增进合作。通过政府购买公共服务的方式，支持农村社会组织独立自主地发展，给予发展较好、成长较快的社会组织一定的税费减免、优惠补助等政策，以多种途径、多种方式保障组织运转经费，使农村社会组织变得更具吸引力，引导更多的农民参与其中。

（五）引导社会组织规范发展

加快农村社会组织的立法工作，进一步细化农村社会组织的发展规范，如对农村社会组织的性质、权利义务、审批流程、监管细则、不同类型的发展培育等问题作出具体规定，构建全面、多层次的农村社会组织法律体系。鼓励各地通过出台地方法规或政府规章制度等方式规范社会组织的发展。同时加强普法宣传和教育，大力弘扬法治精神，将农村社会组织的发展纳入法治轨道，预防和规避不规范发展带来的负面影响。加强社会组织监督体系建设，重点是将组织、人事、财务公开化、透明化，引导农村社会组织接受社会公众的监督。探索引入第三方评价机制，发挥第三方客观公正地开展对农村社会组织的评估工作，不断提升农村社会组织质量。不断完善农村社会组织的内部自治机制，借鉴自律管理的典型经验，不断实现行业组织内部互律。

四、推进法治乡村建设

习近平总书记强调指出："加强法治乡村建设是实施乡村振兴战略、推进全面依法治国的基础性工作。"坚持全面深化依法治国实践，对建设富强民主文明和谐美丽的社会主义现代化国家具有重要意义。建设法治乡村，就是要在法治的框架内统筹社会力量、平衡社会利益、调节社会关系、规范社会行为，把乡村各项工作纳入法治化轨道，确保乡村既生机勃勃又井然有序，这是深化全面依法治国的必然要求。

建设法治乡村是实施乡村振兴战略的必然要求。党的十八大以来，我国农业农村发展取得历史性成就，这不仅为经济社会持续健康发展提供了坚实支撑，也为实施乡村振兴战略奠定了扎实基础。但如何巩固乡村发展成果，以及如何进一步推动乡村发展、振兴乡村，必须发挥法治的作用。一方面，需要充分发挥法治的保障作用，及时将实践中行之有效的经验和做法上升为法律制度，以法的明确性、稳定性和强制力更好地规范和促进农业农村发展；另一方面，需要充分发挥法治的引领和推动作用，将法治作为深化改革、促进发展的基本方式和重要举措，通过制度供给、制度创新等方式为农业农村发展提供动力。

建设法治乡村是完善乡村治理的必然要求。乡村治理是国家治理的重要组成部分。随着社会的变革和发展，当前的农村社会面临的形势与改革开放初期的形势差别较大，具体体现为改革开放初期的农村社会各方利益总体一致、冲突不大，而当前的农村社会呈现利益取向多元、利益冲突增多等客观情况。面对农村利益格局变化的新形势，必须发挥法治的调节利益分配、化解社会矛盾的作用，全方位加强乡村法治建设，从制度上理顺各种利益关系、平衡不同利益诉求，以法治的方式促进农村社会和谐稳定，提高乡村治理水平。

与全面依法治国的要求相比较，乡村法治建设总体仍然薄弱，在许多环节还存在滞后。一些农民群众法治意识、法治观念依然淡薄，"讲人情、讲关系"的思想普遍存在，"遇事找人"成为习惯；农民群众存在用法难的现象，一些农村基层干部存在不学法、不懂法，以言代法、以权压法现象；一些偏远农村，还存在以家族、宗族势力对抗基层政权、干涉执法司法的个别现象。这些现象反映了当前全面推进依法治国的任务还很紧迫，加快建设法治乡村刻不容缓。

（一）强化农村矛盾纠纷依法化解

习近平总书记指出："各级领导干部要提高运用法治思维和法治方式深化改革、推动发展、化解矛盾、维护稳定能力，努力推动形成办事依法、遇事找法、解决问题用法、化解矛盾靠法的良好法治环境，在法治轨道上推动各项工作。"各级党委和政府要妥善化解矛盾纠纷，提高农民依法维权意识，增强基层干部依法办事能力，把预防和化解农村矛盾纠纷的关口前移，注重从源头上预防和减少矛盾纠纷。依法办理涉农信访事项，注重从制度政策层面预防和化解信访反映的普遍性问题，切实维护农民群众、农村集体经济组织和新型农业经营主体等的合法权益。坚持政治效果、法律效果、社会效果有机统一，重视农村熟人社会的特征，注重以法为据、以理服人、以情感人，加大农业执法过程中依法调解的运用。坚持发展新时代"枫桥经验"，做到"小事不出村、大事不出乡"。完善村级调解机制，发挥农村熟人社会的优势，依靠道德约束力、舆论影响力和情感感染力，健全"个人＋集体"调解模式，实现纠纷及时有效化解。完善矛盾纠纷的分级处置机制，根据矛盾纠纷的性质、涉及人数、财产数额等情况，细化类型、分级归类、分层处置。对轻微矛盾纠纷，由调解员或村级人民调解委员会直接调处；对重大矛盾纠纷，县、乡有关部门提前入村指导或直接处置；对确不适宜调解的矛盾纠纷，应做好导入诉讼和协助起诉工作。

（二）加强农村法治宣传

在我国这样一个农业人口众多的大国，要实现人人尊法、信法、守法，无疑是一项长期而艰巨的历史任务。当前的农村法治宣传方面还存在不少短板，例如，不少地方都不同程度地存在着"上层培训多、基层培训少""面向干部培训多、面向群众培训少""一般性法律培训多、专业性法律培训少""造势型普法多、深入式普法少"等问题。这些问题启示我们要站在全面依法治国的战略高度上，提高对乡村普法工作的认识，深入开展乡村普法工作，真正让知法、学法、懂法、用法成为农村群众生活的一部分。2021 年 6 月，中共中央、国务院转发《中央宣传部、司法部关于开展法治宣传教育的第八个五年规划（2021—2025 年）》，指出各地要推动涉农系统联动，形成农村法治宣传合力。

一是创新普法内容。普法内容直接决定了普法效果，在信息化时代，我们必须注重运用新技术，充分了解各类人群不同的法治需求，针对性地提高普法产品供给的精准性和有效性。

二是拓展普法网络平台。建立新媒体普法集群和矩阵，形成多级互动传播，建设统一信息平台，及时更新数据，免费向公众开放。

三是创新普法方法手段。传统的普法方法主要是单向的"说教式"的宣传，这种宣传方式显然不能满足新形势下普法宣传的需要，应当由单向式传播向互动式、服务式、场景式传播转变，增强村民群众的参与感、体验感、获得感，使普法更为群众喜闻乐见，更接地气。建设融"报、网、端、微、屏"于一体的全媒体法治传播体系，使互联网变成普法创新发展的最大增量。

四是发挥典型的示范作用。通过深入开展"民主法治示范村（社区）"创建，树立起学法用法的优秀典型，培育农村学法用法示范户，持续发挥农村学法用法示范户的带动作用。加强动态管理，提高创建质量，促进乡村社会既充满活力又和谐有序，推动全面依法治国各项措施在乡村落地生根。

（三）加强农村执法队伍建设和法律公共服务供给

加强党组织的领导作用，进一步深化行政执法改革，确保改革举措落地生效。要着力破解农业综合行政执法面临的突出问题，牢牢把握农业综合行政执法工作定位，推动改革攻坚、职责履行、机制创新和能力提升，在促进执法改革、提高执法效能、建设高素质执法队伍等方面扎实开展工作。农村地域广阔，执法资源有限，这就决定了必须要合理配置执法力量资源，整合基层有限的执法力量，推动行政执法权限和力量向基层延伸下沉。切实推动农业综合行政执法能力的提升，聚焦执法办案主责主业，努力扎实开展农业行政执法大练兵活动，通过执法实践提升执法队伍的执法水平。充分发挥互联网的信息优势，配置优秀师资，加大网络培训力度，推动各省组建执法指导小组，强化办案指导，打造一支专业化、职业化、现代化的农业执法队伍。严格实施行政执法人员持证上岗和资格管理制度，坚持从严管理，以"负面清单"形式划清行政执法行为的红线，做到严格、规范、公正、文明执法。

鼓励有条件的地方建立村级公共法律服务工作室，积极制定村级公共法律服务工作室建设规范标准，运用"互联网＋"等信息化手段，创新工作方式，倡导一体化管理、一条龙服务。不断完善村级公共法律服务工作室的职责，为农民群众提供法律咨询、法律援助、公证服务、司法鉴定、安置帮教等法律服务。在提供公共法律服务的全过程中开展法治宣传，帮助农民群众依法调解村内的各类矛盾纠纷，稳步提升村民知法、学法、懂法、用法意识。实施乡村"法律明白人"培养工程，培育一批以村干部、人民调解员为重点的"法治带头人"。

（四）加强平安乡村建设

平安乡村建设是实施乡村振兴战略的重要保障。农村公共安全涉及内容较为广泛，主要包括农村公共卫生、安全生产、防灾减灾救灾、应急救援、应急广播、食品、药品、交通、消防等，每项内容都与农民群众的人身和财产安全密切相关。建设平安乡村，进而实现乡村之治，为乡村振兴打下坚实基础，是党和政府面临的一项重大任务。

一是要加强农村安全隐患的源头治理防控，建立完善党委和政府主导、基层群众参与、社会协同的协调机制，互通信息、共享资源、形成合力，加强对农村公共安全的源头治理。

二是要建立预警和防范管理机制，建立健全农村公共安全分级预警制度，对重点对象、重点问题、重点区域进行全面、彻底、细致排查，全面掌握信息，形成科学预警。

三是要加强对重点区域的监管，对农村集贸市场、交通站点等区域经常开展明察暗访，定期开展专项整治，推动网格化、精细化管理。

四是要加强农村社会治安防控体系建设，落实平安建设领导责任制。优化总体规划，充分发挥大数据、云计算、人工智能等信息技术在社会治安防控中的作用，增强农村地区基础信息采集，完善治安防控信息平台建设。

五是要加强对农村矫正对象、刑满释放人员等特殊人群的服务管理。在农民群众中加强拒毒防毒宣传教育，筑牢拒毒防毒的群众防线，依靠和联合群众力量依法打击整治毒品违法犯罪活动。完善经费保障、技术保障、队伍建设、基层基础建设，建立健全农村地区扫黑除恶常态化机制。

六是依法加大对农村非法宗教活动、邪教活动的打击力度。防止非法宗教活动、邪教活动侵入乡村治理中，加强基层党建工作，减少直至最终根除非法宗教活动、邪教活动的空间，制止利用宗教、邪教干预农村公共事务，大力整治农村乱建宗教活动场所、滥塑宗教造像。

七是要加强农村警务工作，大力推行"一村一辅警"，扎实开展智慧农村警务室建设，完善定期走访群众、摸排各类违法线索、化解矛盾纠纷、开展治安防范宣传、协助破获各类案件、协助交通安全管理等工作制度，充分发挥辅警职责。

五、规范村级小微权力运行，治理发生在
农民身边的"微腐败"

党的十九大报告强调，要加大整治群众身边腐败问题力度。预防和整治基层党员干部滥用权力导致的"微腐败"，是乡村治理的一项重要任务。村级小微权力看似微小，却连着民生，关系人心向背。随着巩固拓展脱贫攻坚成果以及乡村振兴战略深入推进，可以预见的是将来会有大量惠民政策、资源等向基层倾斜，这意味着对基层小微权力的监督制约任务日益艰巨。

（一）农村小微权力运行存在的问题

目前，农村小微权力运行还存在行权不规范、监督不及时、机制不健全等问题，这些问题的存在增大了乡村治理的腐败风险，在一定程度上制约了乡村治理水平的提升。一方面，小微权力运行的规范性还不够强。由于乡村社会长时间缺乏法治思维，有的地方村务管理家长化作风严重，加之农民群众整体上主动参与村务的民主和管理意识不强，这就导致部分村干部的权力难以得到有效监督和制约。有的农村村级涉农资金管理混乱，财务制度不完善，财务状况公开不充分，村干部权力运行监管不严，使政策性资金往往得不到有效落实。另一方面，对小微权力运行的监督制约机制不健全，村委会决策"一言堂""一刀切"现象仍然存在，民主集中制原则执行不到位，个别农村党组织建设存在软弱虚化问题。基层监督力量偏弱，乡镇纪委、村务监督委员会配备的干部业务能力以及专业素质有待提高，村务监督委员会职能发挥不充分，有的存在不敢、不会、不想监督的现象。

（二）必须建立规范科学的涉农小微权力运行体系

为提高乡村治理效能、全面推进乡村振兴，必须建立规范科学的涉农小微权力运行体系。必须紧盯村级小微权力运行这个重点，盯住重点人、重点事、重点岗位、重点环节，重点关注基层干部的政治素质、惠农政策、涉农项目资金等，持续预防和整治群众身边腐败，防止村干部用权的随意性、失范性问题，用行之有效的权力运行监督为乡村振兴提供坚强纪律保障。

进一步完善权力运行机制。一方面，结合基层特点建立简明高效、操作性强、常态长效的小微权力运行机制，在涉农领域相关单位及农村基层组织内部，通过建立和完善小微权力清单的形式，进一步厘清权力边界、规范基层权力运行的操作流程。另一方面，切实推动村务公开机制的健全完善，将村务公开情况纳入村干部年度考核范围，推动实现决策规范化、权力运行透明化，构建村民自主监督和纪委监委专责监督相结合的工作格局，在对基层小微权力的监督上，构建起内外结合、相辅相成的监督体系。在村级监督层面，充分发挥群众的监督力量，建立村廉洁工作站，组建由乡镇派出廉洁监督员、村务监督委员会委员、群众代表等组成的联动监督队伍，并赋予他们监督权、建议权、反映权，畅通他们的监督反映渠道，对农村小微权力开展近距离、常态化监督。在纪委监委专责监督层面，构建"市县乡村"四级联动监督体系，市县纪委监委派驻纪检监察组、监督检查室和乡镇纪检监察机构分层级分片联系，紧盯所联系县、乡、村涉农小微权力的运行。

基层"微腐败"的根本问题主要还是出在基层政治生态上。因此，必须狠抓惩治群众身边腐败和作风问题，对违纪违法问题的发现、查处、整改等关键环节要重点关注、持续发力，形成巡察村发现线索、查办案件形成震慑、以案促改贯穿始终、建章立制注重长效的基层治理模式。既突出惩，严查违规违纪违法行为，更注重治和防，清矛盾隐患、解遗留难题、选贤能班子、建长效机制，从根源上净化和改善农村基层政治生态，真正构建不敢腐、不能腐、不想腐的权力运行和监督机制。

阅读链接

↓↓↓

村规民约"约"出文明乡风①

近年来，云南省玉溪市江川区前卫镇业家山村委会八亩心村民小组以村规民约为抓手，大力倡导文明新风。据了解，《业家山村委会村规民约》共有16条，以尊重民意、发扬民主为原则，内容结合当地实际，讲究对仗工整，涵盖热爱祖国、遵纪守法、邻里友好、移风易俗、美丽乡村、爱护环境、行为规范等方面，既可以用普通话读，也能用本地方言来表达，很快成为业家山村民共同遵守的行为规范。

"村规民约明确提出环境卫生要整洁，房前屋后勤打扫，大家都意识到环境保护的重要性和紧迫性，都不愿因不文明丢面子，好事跟着学，坏事不能做。"据八亩心村民小组党支部书记李四仙介绍，之前的村庄随处可见建筑垃圾、农作物垃圾、生活垃圾，自从把环境卫生整治、移风易俗等内容列入村规民约后，文明新风有了明确导向，曾经堆满垃圾的空地建起文化长廊，家家户户都会把垃圾丢在固定的投放点，还每天打扫房前屋后，村民居住环境焕然一新。

除此以外，随着乡风文明建设的深入开展，八亩心村民小组还设置了8个网格片区，面对面听取村民意见，村里大事小事都在微信群里通知，村民之间互相帮忙，邻里更加和睦，八亩心村从"落后村"

---

① 参见汤思琪：《八亩心村民小组：村规民约"约"出文明乡风》，《玉溪日报》2022年2月19日。

逐步转化为"文明村"。2021 年，八亩心村村民小组获得"美丽庭院示范村"荣誉称号。

看得见的环境在悄然变化，看不见的乡风已润入心田。在八亩心村村民小组生活了 60 年的村民石朝仙对此深有感触，她告诉记者，自从有了村规民约，大家都会暗自较劲，谁家门口更干净漂亮，谁家获得了星级文明户，谁家更孝敬老人，都不想比别人差，村子从来没有像现在这样和谐宜居。"我家门口种了凤尾竹、清香树、君子兰，欢迎大家没事就来坐坐。"石朝仙笑着说。

崇尚勤俭节约，红白喜事从简，乱搭乱建变少，孝敬老人的好现象增多，环境卫生变好，日子有了奔头。据李四仙介绍，村容村貌改变后，树立文明新风作为精神文明建设的重要内容被提上日程，为让村规民约更加深入人心，村里及时召开"好家风家训"传承倡导会，带领巾帼志愿者深入开展宣传动员，开展"除陋习、讲文明、树新风"主题学习活动，通过宣扬家风家训、好人好事，鼓励全体村民学习弘扬中华优秀传统文化。制定《人居环境卫生公约》，成立红白理事会，开展星级文明户评比，对优秀村民、优秀共产党员进行表彰奖励，通过光荣榜展示、典型示范引领达到以点带面的效果，弘扬了家庭和谐、邻里和谐、乡村和谐的社会新风尚，真正让遵德守礼立起来、清风正气建起来、乡风文明树起来。

第 六 章

生活富裕

. . . .

实现城乡融合发展，是社会主义现代化建设和发展的内在要求。习近平总书记指出："推进城乡发展一体化，是工业化、城镇化、农业现代化发展到一定阶段的必然要求，是国家现代化的重要标志。"实施乡村振兴战略、加快农业农村现代化不能就乡村论乡村，必须坚定不移走城乡融合发展的道路，在新时代新形势下，重点是强化以工补农、以城带乡，通过融合式发展形成工农互促、城乡互补、协调发展、共同繁荣的新型工农城乡关系格局。要进一步破除城乡要素市场化配置体制机制障碍，强化城乡融合发展的制度供给，推动城乡要素平等交换、双向流动。

一、加快县域内城乡融合发展

近年来，党中央坚持把解决好"三农"问题作为全党工作的重中之重。经过各方努力，农业基础地位得到显著加强，农村社会的各项事业得到明显改善，统筹城乡发展、城乡关系调整取得重大进展。但长期以来，由于城乡二元结构的影响，从整体来看，我国农村基础薄弱、欠账过多，城乡发展差距不断拉大的趋势没有得到根本扭转。在这一客观趋势下，推进城乡发展一体化、融合发展的问题更加紧迫。党的十六大、十七大、十八大和十九大都对统筹城乡发展提出了明确要求。①

《乡村振兴战略规划（2018—2022年）》进一步明确，顺应城乡融合发展趋势，重塑城乡关系，更好激发农村内部发展活力，优化农村外部发展环境，推动人才、土地、资本等要素双向流动，为乡村振兴注入新动能。《中华人民共和国国民经济和社会发展第十四个五年规划和2035年远景目标纲要》再次明确，深化农业农村改革，健全城乡融合发展体制机制，建立健全城乡要素平等交换、双向流动政策体系，对融合发展提出明确要求。

（一）正确认识城市和乡村的关系，统筹城镇和乡村发展

城镇和乡村是相互促进、共生共存的统一体。乡村的发展是城镇化发展的根基。城镇化是解决"三农"问题的重要途径，也是实现现代化的必由之路。城镇化是助推经济持续健康发展的强大引擎，更是促进社会全面进步的必然要求。城市和乡村的共同发展是实现现代化的必由之路。新时代新形势下，能否处理好城乡发展的关系，关乎社

---

① 党的十六大首次明确提出了"统筹城乡经济社会发展"，党的十七大提出要建立以工促农、以城带乡长效机制，形成城乡经济社会发展一体化新格局，党的十八大进一步明确提出城乡发展一体化是解决"三农"问题的根本途径，党的十九大提出建立健全城乡融合发展体制机制和政策体系。

会主义现代化建设全局。

农业是国民经济的基础和保障，在粮食安全、农产品供给、产业培育、市场贡献、生态贡献及其他功能方面具有不可替代的作用。无论我国城镇化发展到什么程度，农村仍然会维持相当大的规模，这一客观事实，对于如何发展好农村，既是机遇，也是挑战。如何发展好农村，切实振兴乡村，我国的基本思路是坚持让大中小城市和小城镇协调发展，农村居民在生产条件、生活质量、公共服务和相关权益等方面总体上与城镇居民相当，坚持公共财政向城乡居民均等化覆盖，从经济基础上使农民真正具有自由选择进城还是留乡的自由，坚持贯彻城乡协调、区域协调发展的均衡发展战略。

（二）坚持乡村振兴战略与新型城镇化战略同步实施、统筹发展

城镇化是实现现代化的必由之路，推进乡村振兴战略与新型城镇化战略统筹发展是一个持久战略。2013 年 3 月，习近平总书记在参加十二届全国人大一次会议江苏代表团审议时指出，搞城镇化，不能单兵突进，而是要协同作战，做到工业化和城镇化良性互动、城镇化和农业现代化相互协调。新型城镇化战略自被提出以来，我国的城镇化建设取得了历史性成就，城镇发展理念也更加深入人心，创新、协调、绿色、开放、共享的新发展理念成为城镇化发展的内涵式要求，以人民为中心的发展思想成为城镇化发展的根本要求。

2013 年 11 月，党的十八届三中全会明确作出了"城乡二元结构是制约城乡发展一体化的主要障碍"的判断，并提出"必须健全体制机制，形成以工促农、以城带乡、工农互惠、城乡一体的新型工农城乡关系，让广大农民平等参与现代化进程、共同分享现代化成果"。2015

年 4 月，习近平总书记在十八届中共中央政治局第二十二次集体学习时指出，要把工业和农业、城市和乡村作为一个整体统筹谋划，促进城乡在规划布局、要素配置、产业发展、公共服务、生态保护等方面相互融合和共同发展。着力点是通过建立城乡融合的体制机制，形成以工促农、以城带乡、工农互惠、城乡一体的新型工农城乡关系，目标是逐步实现城乡居民基本权益平等化、城乡公共服务均等化、城乡居民收入均衡化、城乡要素配置合理化，以及城乡产业发展融合化。在党的十九大报告中，习近平总书记又提出了"建立健全城乡融合发展体制机制和政策体系"和"促进农村一二三产业融合发展"。这有利于更好地推动城市人才、技术、资金等发展要素下乡，更好地实现以工促农、工农互惠发展。在做好乡村振兴相关工作的过程中，不应孤立地就乡村发展乡村，要整体规划城镇和乡村发展，注重乡村振兴战略和新型城镇化战略的协同推进，不能顾此失彼，有所偏废。

（三）明确城乡融合发展的基本手段和目标

城乡规划是推进城乡一体化发展的路线图。搞好城乡规划有利于有效配置城乡公共资源、促进城乡经济社会的协调发展。习近平总书记历来高度重视在推进城乡融合发展进程中城乡规划的先导作用。早在 1985 年，时任河北省正定县委书记的习近平同志亲自主导和部署制定了《正定县经济、技术、社会发展总体规划》，提出了正定经济"三步走"发展目标和"对外开放、对内搞活、依托城市、开发智力、发展经济、致富人民"的发展方针。2004 年，习近平同志主持在全国率先制定出台了第一个省级层面的城乡发展一体化纲要，即《浙江省统筹城乡发展 推进城乡一体化纲要》。2007 年，习近平同志在上海市松江区调研时强调指出，统筹城乡发展，要充分发挥规划先导作用，从产业、基础设施、人口、社会事业发展等各个方面促进城乡一体化发展。2015年4月，习近平总书记在十八届中共中央政治局第二十二次集体学习时指出，要完善规划体制，通盘考虑城乡发展规划编制，一体设计，多规合一，切实解决规划上城乡脱节、重城市轻农村的问题。

2015年5月，中共中央、国务院印发的《关于加快推进生态文明建设的意见》提出，完善县域村庄规划，强化规划的科学性和约束力，要维护城乡规划的权威性、严肃性，杜绝大拆大建。为科学规范城乡发展，《乡村振兴促进法》将涉及乡村发展内容的规划编制要求进一步明确，即以优化城乡产业发展、基础设施、公共服务设施等布局为具体实施内容，以健全全民覆盖、普惠共享、城乡一体的基本公共服务体系为目标，以县域城乡融合为着力点、突破口，谋划顶层设计，破除城乡分割的体制弊端，加快打通城乡要素平等交换、双向流动的制度性通道，最终实现农业高质高效、乡村宜居宜业、农民富裕富足。

2022年5月，中共中央办公厅、国务院办公厅印发的《乡村建设行动实施方案》提出，加强乡村规划建设管理。坚持县域规划建设一盘棋，明确村庄布局分类，细化分类标准。合理划定各类空间管控边界，优化布局乡村生活空间，因地制宜界定乡村建设规划范围，严格保护农业生产空间和乡村生态空间，牢牢守住18亿亩耕地红线。严禁随意撤并村庄搞大社区、违背农民意愿大拆大建。积极有序推进村庄规划编制。发挥村庄规划指导约束作用，确保各项建设依规有序开展。建立政府组织领导、村民发挥主体作用、专业人员开展技术指导的村庄规划编制机制，共建共治共享美好家园。

二、发展农村社会事业，提高公共服务水平

党的十八大以来，我国农村公共服务水平整体上得到大幅度提升，然而与城市的发展相比、与实施乡村振兴的战略要求相比，农村地区的公共服务仍然是制约乡村发展的短板，公共服务资源亟待向乡村基层"下沉"，切实解决与农村群众利益直接相关的问题，提高乡村公共服务的有效供给，满足乡村对于公共医疗卫生、社会保障、社区养老等社会性公共服务的需求。以实际措施推进城乡基本公共服务标准统一、制度并轨，不断增强人民的获得感、幸福感、安全感。

（一）以基本公共服务均等化为目标，全面发展农村社会事业

党中央一直高度重视农村社会事业的发展，强调将社会事业发展的重点放在农村。经过多年的努力奋斗，农村科教文卫体等各方面的公共服务都取得了巨大提升，但与城市社会事业的发展相比、与实施乡村振兴战略的要求相比，农村社会事业的发展无疑还有较大差距。

因此，下一步要顺应城乡居民共享社会发展成果需要，以城乡基本公共服务均等化为重点，发展好农村社会事业，推进城乡基本公共服务标准统一、制度并轨，实现从形式上的普惠向实质上的公平转变。要牢固树立农村公共服务优先导向，以普惠性、保基本、均等化、可持续为方向。在实施乡村全面振兴战略的过程中，补齐农村社会事业发展的短板，公共教育、医疗卫生和社会保障等领域是发展的重点。

要实施农村基本公共服务提升行动。发挥县域内城乡融合发展支撑作用，强化县城综合服务功能，推动服务重心下移、资源下沉，采

133

取固定设施、流动服务等方式，提高农村居民享受公共服务的可及性、便利性。

（二）促进农村公共教育和医疗卫生事业发展

与城市教育相比，我国农村公共教育仍然存在教育资源配置不均、教育质量良莠不齐以及服务差距较大等问题。同时，户籍制度改革、计划生育政策调整、人口（含学生）流动也给城乡义务教育学校规划布局和城镇学位供给带来了巨大的挑战。城乡教育发展存在的这些问题并不是孤立存在的，而是许多因素相互影响、相互制约而形成的。因此，要解决城乡教育问题，首先要从宏观上统筹推进城乡义务教育一体化改革发展，促进城乡基本公共教育服务均等化，统筹做好城乡义务教育学校布局工作，科学合理制定布局规划，有效配置教育资源；其次要统筹推进义务教育学校的标准化建设，完善各类学校建设标准，明确标准化建设内容，集中力量解决好城乡教育的突出问题；最后要统筹抓好城乡教师队伍建设，依法落实义务教育经费稳定增长的要求，推动各项资源向乡村教师适当倾斜。要按照《乡村建设行动实施方案》的规定，优先规划、持续改善农村义务教育学校基本办学条件，支持建设城乡学校共同体。多渠道增加农村普惠性学前教育资源供给。巩固提升高中阶段教育普及水平，发展涉农职业教育，建设一批产教融合基地，新建改扩建一批中等职业学校。加强农村职业院校基础能力建设，进一步推进乡村地区继续教育发展。

进入 21 世纪，我国农村医疗卫生事业进入了一个全新的发展阶段。一是农民基本医疗有保障。从推进农村新型合作医疗体制的试点改革，到这项制度的不断成熟，再到有序提高筹资标准，农民参加合作医疗或基本医疗保障制度实现全覆盖。二是公共卫生服务得到全面加强。政府启动实施国家基本公共卫生服务项目，人均基本公共卫生服务经费补助标准、服务内容逐步扩展。适当提高了城乡居民基本医疗保险财政补助和个人缴费标准，合理提高了农村低保等社会救助水平。三是县、乡、村三级医疗卫生服务网建设全面加强。按照党中央的要求，按照《乡村建设行动实施方案》的规定，改革完善乡村医疗卫生体系，加快补齐公共卫生服务短板，完善基层公共卫生设施。支持建设紧密型县域医共体。加强乡镇卫生院发热门诊或诊室等设施条件建设，选建一批中心卫生院。持续提升村卫生室标准化建设和健康管理水平，推进村级医疗疾控网底建设。落实乡村医生待遇，保障合理收入，完善培养使用、养老保障等政策。完善养老助残服务设施，支持有条件的农村建立养老助残机构，建设养老助残和未成年人保护服务设施，培育区域性养老助残服务中心。发展农村幸福院等互助型养老，支持卫生院利用现有资源开展农村重度残疾人托养照护服务。

（三）健全乡村便民服务体系

为适应和满足农民群众日益增长的美好生活需要，需要进一步健全乡村便民服务体系，以数字化智能化手段提升乡村公共服务水平，支持完善村级综合服务设施和综合信息平台，培育服务机构和服务类社会组织，完善配套性的服务运行机制，促进各类公共服务与村民自我服务的综合服务能力的有效衔接，增强乡村生产生活服务功能。推动"互联网＋社区"向农村延伸，提高村级综合服务信息化水平，逐步实现信息发布、民情收集、议事协商、公共服务等村级事务网上运行。加快乡村规划管理信息化，推动乡村规划上图入库、在线查询、实时跟踪。推进农村基础设施建设、农村公共服务供给等在线管理。着力推进农民生活设施便利化，以乡村学校、医院、图书馆、超市等建设为重点，不断改善农村的生活、学习、工作环境。发挥多种新型组织的力量，积极培育和支持各类服务机构和社会类服务组织，通过不断建立健全社会各类机构和组织的服务机制，实现公共服务与乡村居民自我服务的有效衔接，提升乡村生产生活服务功能。

实施村级综合服务设施提升工程。推进"一站式"便民服务，整合利用现有设施和场地，完善村级综合服务站点，支持党务服务、基本公共服务和公共事业服务就近或线上办理。加强村级综合服务设施建设，进一步提高村级综合服务设施覆盖率。加强农村全民健身场地设施建设。推进公共照明设施与村内道路、公共场所一体规划建设，加强行政村村内主干道路灯建设。加快推进完善革命老区、民族地区、边疆地区、欠发达地区基层应急广播体系。因地制宜建设农村应急避难场所，开展农村公共服务设施无障碍建设和改造。

三、加强农村经济组织建设

农村经济组织是实现乡村产业振兴的重要载体。习近平总书记指出："积极发展农民股份合作、赋予集体资产股份权能改革试点的目标方向，是要探索赋予农民更多财产权利，明晰产权归属，完善各项权能，激活农村各类生产要素潜能，建立符合市场经济要求的农村集体经济运营新机制。"当前，我国农村经济组织培育虽取得显著成效 ①，但发展不平衡、不充分、能力不强等问题依旧存在，发展面临的短板和制约因素仍然存在，这些问题的存在使乡村振兴和农业农村现代化还有较长的路要走。

从乡村的发展水平看，农村集体经济组织的整体实力不强，家庭农场仍处于起步发展阶段，部分农民合作社运行不够规范，社会化服务组织服务能力不足、服务领域拓展不够，基础设施落后、经营规模偏小、集约化水平不高、产业链条不完整、经营理念不够先进等问题依然存在。从外部环境看，各类新型农业经营主体和服务主体融资难、融资贵、风险高等问题仍然突出，国家对农业农村在财税、金融、用地等方面的扶持政策仍然不够，扶持措施也不够具体，各地农业农村部门指导服务能力亟待提升。

（一）壮大农村集体经济组织

农村集体经济组织是农村最重要的经济体，各地发展集体经济组织应当立足自身区位条件和资源禀赋，从实际出发确定本地区的主导产业和经营模式，探索发展新型集体经济的有效形式，让那些有基础条件、有组织能力、有辐射带动作用的村率先发展起来。在新形势下，进一步壮大农村集体经济组织，从宏观上有两点发展要求。

---

① 截至 2021 年 9 月底，全国家庭农场超过 380 万个，全国依法登记的农民合作社 223 万家，农业专业服务公司等各类农业社会化服务组织已超过 95 万个。这些农村集体经济组织在促进小农户与现代农业发展有机衔接、推动农业现代化和乡村振兴中发挥了重要的引领作用。

1. 要突破单一农业发展限制，积极融合一二三产业的发展，拓展经营性收入来源

充分利用市场的手段和方法，在法律的框架内建立紧密的利益联结机制和风险防控机制，通过引导社会资本、技术、人才等要素向农村流动，发展乡村产业，实现资源变资产、资金变股金、农民变股东，让农民分享更多产业增值收益。

2. 要激活农村资源要素，推动农村集体产权规范流转和交易

长期以来，我国农村资源要素没有被充分激活，究其原因主要还是囿于体制机制的障碍。因此，要深化农村集体产权制度改革，全面开展农村集体经济组织成员身份确认工作，规范成员名册管理和成员证书发放，全面开展村级集体经济组织的登记赋码和证书发放工作。指导有集体经营性资产的村镇规范开展股份合作制改革，做到应改尽改，加强农村集体资产管理，巩固全国农村集体资产清产核资成果，严格按照农村集体资产归属确权，并依法由农村集体经济组织代表行使所有权。

（二）推动新型农业经营主体高质量发展

推动新型农业经营主体高质量发展，应在明确新型农业经营主体的基础上，有针对性地提出发展指导意见。

1. 加快培育家庭农场

根据产业特点和自身经营管理能力，引导家庭农场重点发展现代种养业，打造规模适度、生产集约、效益良好的生产单元，使之成为专业化、集约化、绿色化农业生产的基础力量。深入实施家庭农场培育计划，把符合条件的规模经营户纳入家庭农场名录。创建一批示范家庭农场和家庭农场示范县，引导组建一批家庭农场协会或联盟。

2. 促进农民合作社质量提升

鼓励农民合作社重点开展农资供应、技术服务、仓储保鲜、产品销售等业务，推动农民合作社提升素质和能力，使之成为组织带领广大农户参与国内外市场竞争的中坚力量。开展农民合作社规范提升行动，推进国家、省、市、县示范社四级联创，加大对运行规范的农民合作社的扶持力度。鼓励发展多种形式的适度规模经营。支持农民合作社由种养业向产加销一体化拓展，引导建立合作社联合社，搭建社企对接服务平台。加强农民合作社服务中心和县乡农民合作社辅导员队伍建设。

3. 做大做强龙头企业

引导龙头企业重点发展农产品精深加工、技术创新、品牌培育和市场拓展，健全与农户的利益联结机制，使之成为生产高附加值产品、引领现代农业的骨干力量。继续认定农业产业化国家重点龙头企业，支持有条件的企业牵头组建农业产业化联合体。

（三）加快发展农业专业化社会化服务主体

加快推进农业专业化、社会化服务发展，培育壮大农业专业化社会化服务组织，按照主体多元、功能互补、竞争充分、融合发展的原则，加快培育农业服务型企业、服务专业户、农民专业合作社、农村集体经济组织等各类农业社会化服务主体。支持发展面向小农户和粮食等大宗农产品薄弱环节的生产托管，不断对小农户扩大生产托管的覆盖面。推动农业社会化服务从产中作业环节向产前、产后等环节及金融保险等配套服务延伸，逐步提高农业社会化服务在农业全产业链及农林牧渔各产业的覆盖面。创新服务模式，创建一批服务能力强的农业专业化社会化服务示范基地和示范主体，发挥其示范作用和带动作用。推进资源整合，扩大聚集效应，建设区域性农业全产业链综合服务中心。对服务价格要坚持价格指导和市场定价原则相结合，防止价格欺诈和垄断。强化服务合同监管，推广使用示范合同文本，推动规范服务行为，确保服务质量，保障农户权益。推动地方建立社会化服务组织名录库，加强对服务组织的动态监测。

四、提升农村社会保障水平

让农民生活有保障，是以人民为中心的发展思想的要求，是实现中华民族伟大复兴的中国梦的必然要求，是实现城乡经济社会一体化发展的现实要求。随着经济总体实力的不断增强，我国已经具备了提升农村社会保障水平的物质基础，因此建立完整的农村社会保障制度也被提上了日程。

（一）统筹城乡社会保障

农村社会保障体系的直接保障对象是农民，农村社会保障体系的完善是保障农村社会稳定、保障农村经济发展的关键，也是推进乡村振兴战略的必然要求，对于提升广大农村居民的获得感、幸福感有着重要意义。

当前，城乡二元结构的仍然存在导致了长期以来社会保障领域城乡二元发展状态的现状，城市与乡村社会保障体系是相互独立、各自运行的系统，绝大部分农村地区社会保障制度明显落后于城市，无论是保障水平还是保障内容，农村社会保障都比较落后。相较于近些年来农村社会的发展水平，农村社会保障体系也处于相对滞后的发展水平。随着经济社会的不断发展以及支出向民生领域的倾斜，我国城乡统筹的社会保障制度也在逐步健全完善，如完善统一的城乡居民基本医疗保险制度和大病保险制度，做好农民重特大疾病救助工作；完善城乡居民基本养老保险制度，建立城乡居民基本养老保险待遇确认和基础养老金标准正常调整机制；统筹城乡社会救助体系，完善最低生活保障制度，做好农村社会救助兜底工作；构建多层次农村养老保障体系，创新多元化照料服务模式；健全农村留守儿童和妇女、老年人以及困境儿童关爱服务体系；加强和改善农村残疾人服务；等等。逐步完成"覆盖城乡居民的社会保障体系基本建立，人人享有基本生活保障"的目标。

（二）加强进城务工人员就业权益保障

进城务工农民为输入地的经济发展所作出的贡献有目共睹，他们分布在城镇的各个生产、经营领域，其就业结构与城镇劳动力也有明显的差别，更大程度上与城镇劳动力就业形成了互补关系，解决了城镇经济社会发展的很多现实问题。农民进城务工伴随着我国经济发展的历程呈现出阶段性的特征，存在的问题是动态变化的。但由于长期受城乡二元体制的影响，城乡之间的资源配置失衡，劳动力市场分割问题影响农民进城务工平等就业，这个问题在一定时期内还将存在。进城务工农民获取就业信息的渠道单一、能力较弱，大多数农民工聚集在收入水平较低、工作强度较大的低端行业，在就业的第一个环节就处于不利地位。农民工不能与城市劳动者以同等的身份进行竞争，在合法权益没有得到保障的前提下匆匆就业，在无暇斟酌就业条件的情况下被动工作，依然有部分人未签订劳动合同。比如，由于一些行业生产组织方式不规范，用人单位主体责任、属地政府和部门监管责任落实不到位等原因，拖欠农民工工资问题屡治不绝等。这些不仅损害他们的自由择业权，也为未来相关劳动权益的保障带来不确定性。

2019年5月，中共中央、国务院印发的《关于建立健全城乡融合发展体制机制和政策体系的意见》要求，完善促进农民工资性收入增长环境，健全农民工劳动权益保护机制，落实农民工与城镇职工平等就业制度。努力增加农民工的就业岗位和创业机会。提高新生代农民工职业技能培训的针对性和有效性，健全农民工输出输入地劳务对接机制。从总体上看，进城务工农民平等就业的政策环境正在日趋完善，《劳动法》《劳动合同法》《就业促进法》等一系列相关法律出台，使包括广大农民工在内的劳动者的权利受到比以往更加强有力的法律保障。各级政府也通过调整户籍政策、完善劳动保障措施、提高社会保障水平、解决住房问题等生活保障相关措施，提升对进城务工农民合法权益的保障水平。比如，为提升进城务工农民的社会保障水平，《社会保险法》明确规定，"进城务工的农村居民依照本法规定参加社会保险"，从而明确赋予了进城务工农民参加社会保险的权利。以养老保险为例，国家主导设立基本养老保险、新型农村社会养老保险和城镇居民社会养老保险，农民参与社会保障没有门槛，也确保了农民工社保权益的可持续性，真正实现广覆盖、保基本目标。确立社会保险跨地区转移的操作制度。个人跨统筹地区就业的，其基本养老保险关系随本人转移，缴费年限累计计算。个人达到法定退休年龄时，基本养老金分段计算、统一支付。职工跨统筹地区就业的，其失业保险关系随本人转移，缴费年限累计计算。这些规定与进城务工农民流动就业对保险可转移性的需求相适应。同时，法律还确立进城务工农民社会保险权益实现的保障制度等。这些制度的确立都为提升进城务工农民各类社会保险覆盖率和质量提供了良好的保障，也为进城务工农民在城镇的稳定就业提供了良好的制度空间。

五、健全防止返贫动态监测和帮扶机制

我国取得了脱贫攻坚战的全面胜利，实现了现行标准下 9899 万农村贫困人口全部脱贫，832 个贫困县全部摘帽，12.8 万个贫困村全部出列，区域性整体贫困得到解决，完成了消除绝对贫困的艰巨任务。但同时我们应清醒地看到，区域发展不平衡、城乡差距较大、脱贫地区可持续发展能力差等问题依然较为突出，脱贫又返贫的可能性仍然存在，这些问题的存在制约了乡村全面振兴。

党中央、国务院高度重视巩固拓展脱贫攻坚成果同乡村振兴的有效衔接工作，2018 年至 2022 年中央一号文件均对如何做好巩固拓展脱贫攻坚成果同实施乡村振兴战略的衔接工作提出了指示要求。2020 年 3 月，习近平总书记在决战决胜脱贫攻坚座谈会上强调，接续推进全面脱贫与乡村振兴有效衔接。理清工作思路，推动减贫战略和工作体系平稳转型，统筹纳入乡村振兴战略，建立长短结合、标本兼治的体制机制。2020 年 12 月，中共中央、国务院印发《关于实现巩固拓展脱贫攻坚成果同乡村振兴有效衔接的意见》，明确要建立健全巩固拓展脱贫攻坚成果长效机制，健全农村低收入人口常态化帮扶机制，加快推进脱贫地区乡村产业、人才、文化、生态、组织等全面振兴。《乡村振兴

促进法》写入"实现巩固拓展脱贫攻坚成果同乡村振兴有效衔接",彰显了国家推进脱贫地区全面乡村振兴的决心。

(一)健全监测和帮扶机制,稳固脱贫成效

建立健全防止返贫监测和帮扶机制,是稳固脱贫成果的有力举措和防返贫的长效机制,能够确保脱贫基础更加稳固、成效更可持续。

1. 提高政策风险防范化解能力

对各种风险源进行系统研判,加强动态监测、实时预警。对脱贫不稳定户、边缘易致贫户,以及因病因灾因意外事故等刚性支出较大或收入大幅度缩减导致基本生活出现严重困难户,开展定期检查、动态管理。合理确定监测标准,建立健全易返贫致贫人口快速发现和响应机制,分层分类及时纳入帮扶政策范围,实行动态清零。在经济风险防控上,推动产业政策从差异化、选择性向普惠化、功能性转换,完善风险补偿机制和风险防控机制,处理好严格规范管理与改革创新之间的平衡,推动金融更好地服务乡村振兴;在社会风险防范上,推动特惠性政策、阶段性帮扶举措向普惠性、常态化民生政策转换,完善农村社会保障和公共服务,构建全覆盖、兜底线、可持续的社会保障网,提高保障效率和水平。

2. 做好机制衔接

由于扶贫工作的主体多元,机制复杂,所以要坚持和完善驻村第一书记和工作队、东西部协作、对口支援、社会帮扶等制度,根据形势和任务变化进行动态完善。借鉴行业扶贫、专项扶贫、社会扶贫"三位一体"的经验,构建多元参与、通力合作的乡村振兴大协作大推进格局。在考核机制上,要建立市县党政班子和领导干部推进乡村振兴

战略的绩效考核制度，并将考核结果作为干部任用、选拔的重要标准。建立脱贫攻坚第三方评估、省际交叉考核、市际交叉考核等一整套考核评估体系，要借鉴脱贫攻坚所形成的较为成熟的评价机制，建立合理的阶段性考核指标体系，对衔接效果进行考核。

3.加强常态化帮扶

对易返贫致贫人口要加强监测，做到早发现、早干预、早帮扶，守住防止规模性返贫底线。调整帮扶机制，将降低贫困发生率的减贫目标转变为建立防止返贫机制，将以提高收入为主的工作方式转变为解决多维贫困，将以解决农村绝对贫困为主的工作理念转变为解决城乡相对贫困。要探索建立促进相对贫困人口就业、实现持续增收的长效机制与缓解相对贫困的包容性社会发展和绿色发展机制，完善收入再分配政策、缩小收入差距的城乡一体化作用机制，完善多重社会保障、防止返贫机制和"政府主导、社会参与、市场促进"的贫困治理整体性工作机制，健全全社会协同扶贫机制、干预代际贫困传递的阻断性机制和金融扶贫长效机制等。

（二）增强内生动力，促进接续发展

产业、人才和有效的投入机制是激发脱贫地区内生动力、持续推进脱贫地区发展的重要保障。

1.构建产业体系

产业体系的构建要尊重市场规律和产业发展规律，注重产业后续长期培育，完整的产业体系一方面可以增强产业市场竞争力，另一方面有利于提高其抗风险能力。各地要因地制宜发展壮大特色产业，将生态优势、区位优势转化为产业优势，增强区域发展动能，提高市场竞争力。综合平衡脱贫产业存量与振兴产业增量需求，结合本地农业生产传统，明确优势主导产业方向，避免盲目照搬、跟风不适合自身条件的产业布局。

2. 培育人才队伍

人才队伍无疑是促进乡村持续发展的不竭动力，但由于乡村的各项设施水平相较于城市还较为落后，所以最可能引进来的批量人才无疑是有"乡情"牵绊的本土人才，因此要把本土人才资源当作重要支撑，壮大和培育自身的人才队伍。依托新型经营主体培育工程和乡土人才培训进行人力资本开发，加强农村基层干部培训，充分激发乡村现有人才的活力，实现内部人才重塑。提高基层干部统筹抓好防止返贫与乡村振兴的能力和素质。引进懂科技、懂管理、懂市场、懂法律的现代化人才，在全社会广泛吸引专家学者、高校毕业生等参与乡村振兴工作，鼓励各类人才向乡村流动集聚。

3. 完善投入机制

科学合理的投入机制是巩固拓展脱贫攻坚成果同乡村振兴有效衔接的重要一环。在保持财政支持政策总体稳定的前提下，根据巩固拓展脱贫攻坚成果同乡村振兴有效衔接的需要和财力状况，合理安排财政投入规模，优化支出结构，调整支持重点。继续发挥政府投入的主导作用、金融资金的协同作用和社会资金的补充作用，确保资金投入与提高脱贫质量、巩固脱贫成果、实现乡村振兴相匹配。强化资金整合，发挥统筹规划引领作用，把脱贫攻坚、公共事业发展和涉农资金等多方投入统筹起来，充分发挥资金整合规模合力效益；强化资金撬动，借鉴创新脱贫攻坚的资金筹措方式，通过以奖代补、贴息、担保等方式，引导金融和社会资本更多地投向乡村振兴事业。

（三）加大支持力度，缓解区域发展差距

中共中央、国务院印发的《关于实现巩固拓展脱贫攻坚成果同乡村振兴有效衔接的意见》明确提出："支持革命老区、民族地区、边疆地区巩固脱贫攻坚成果和乡村振兴。"针对革命老区、民族地区、边疆地区，要进一步加大国家支持力度，促进这些地区顺利实施乡村振兴战略。

1. 财政支撑方面

充分重视第二次分配的调解作用，要进一步完善和规范中央财政对地方的转移支付制度，发挥中央财政对整个国家的宏观调控和支撑作用，重点帮助革命老区、民族地区、边疆地区解决财力不足问题。

2. 基础设施建设和公共服务方面

继续加大对脱贫地区基础设施建设的支持力度，重点谋划建设一批高速公路、客货共线铁路、水利、电力、机场、通信网络等区域性和跨区域重大基础设施建设工程。要继续加大国家对欠发达地区基础设施建设和公共服务的支持力度，加快革命老区、民族地区、边疆地区、贫困地区的社会发展。要加大欠发达地区建设基本农田、农田水利、县乡村公路、人畜饮水、小流域治理等农村小型基础设施工程建设，使脱贫地区农民获得更多收入，脱贫地区的生产生活条件得到改善。

3. 帮扶机制方面

在充分考虑帮扶对象情况的基础上，统筹多种帮扶机制实行重点发力。在西部地区处于边远或高海拔、自然环境相对恶劣、经济发展基础薄弱、社会事业发展相对滞后的脱贫县中，确定一批国家乡村振

兴重点帮扶县，从财政、金融、土地、人才、基础设施建设、公共服务等方面给予集中支持，增强其区域发展能力。要继续借助东西协作、对口帮扶等模式，加强对欠发达地区产业、教育、人才、医疗等多方位的持续支撑，增强其顺利实施乡村振兴战略的内在动力。

六、保障乡村建设用地合理需求

土地制度是乡村建设最根本的制度，实施乡村振兴战略，实现产业兴旺、生态宜居、乡风文明、治理有效、生活富裕，必然离不开土地制度的支撑保障。土地制度是国家的基础性制度。党的十八届三中全会明确了农村土地制度改革的方向和任务。要始终把维护好、实现好、发展好农民权益作为出发点和落脚点，坚持土地公有制性质不改变、耕地红线不突破、农民利益不受损三条底线。按照党中央部署，2015 年有关部门经全国人大授权启动了一轮农村土地制度改革试点，形成了一批可复制、可推广的经验成果。2019 年新修订的《土地管理法》对农村宅基地、集体经营性建设用地相关制度规定进行了完善，并以法律形式予以确立。《乡村振兴促进法》对农村建设用地如何保障乡村振兴用地合理需求以法律形式进行了明确。

（一）保障乡村振兴建设用地合理需求

党中央、国务院高度重视乡村振兴合理建设用地需求。2020 年中央一号文件明确要求，在符合国土空间规划前提下，通过村庄整治、土地整理等方式节余的农村集体建设用地优先用于发展乡村产业项目。新编县乡级国土空间规划应安排不少于 10% 的建设用指标，重点保障乡村产业发展用地。省级制定土地利用年度计划时，应安排至少5%新增建设用地指标保障乡村重点产业和项目用地。《乡村振兴促进法》对盘活和保障乡村振兴建设用地作出了明确规定。

1. 大力盘活农村存量建设用地

盘活农村存量建设用地的一个基本原则和前提是要尊重农民的意愿。在此前提下，可依据国土空间规划，以乡镇或村为单位开展全域土地综合整治，盘活农村存量建设用地，腾挪足够的建设用地用于支持农村产业融合发展和乡村振兴。探索在农民集体依法妥善处理原有用地相关权利人的利益关系后，将符合规划的存量集体建设用地，按照农村集体经营性建设用地入市。在符合国土空间规划前提下，鼓励对依法登记的宅基地等农村建设用地进行复合利用，发展乡村民宿、农产品初加工、电子商务等农村产业。

2. 拓展集体建设用地使用途径

农村集体经济是公有制经济的重要组成部分，发展和壮大农村集体经济也是发展壮大公有制经济，因此，应加大对农村集体经济的支持，其中，很重要的一项支持是保障其建设用地。但农村集体经济组织需要用地的，应该按照规定进行申请，农村集体经济组织兴办企业或者与其他单位、个人以土地使用权入股、联营等形式共同举办企业的，需要建设用地的，应当准备齐所有文件，向县级以上地方人民政府自然资源主管部门提出申请，按照省（自治区、直辖市）规定的批准权限，由县级以上地方人民政府批准。其中，涉及占用农用地的，应当办理农用地转用审批手续。

3. 完善乡村振兴建设用地保障机制

完善乡村振兴建设用地需要统筹考虑和优化城乡建设用地布局，

切实落实"将年度新增建设用地计划指标确定一定比例用于支持农村产业新业态"的既有政策。审慎改进城乡建设用地增减挂钩和耕地占补平衡操作办法，审慎将农村用地、欠发达地区建设用地挪到城市和发达地区，为乡村振兴留出用地空间。在不突破现行法律规定、农村宅基地不得进行买卖的前提下，探索盘活农村闲置宅基地的有效途径，提高宅基地资源的利用率，积极探索有效利用农村闲置宅基地的具体办法。

（二）满足乡村公共服务设施用地需求

乡村公共服务设施用地属于农村集体所有，用于乡村公益和公共服务设施建设的农村集体公用土地，从土地用途划分包括乡村行政管理设施用地、乡村教育机构设施用地、乡村文体科技设施用地、乡村医疗保健设施用地、乡村社会福利设施用地、乡村集贸市场设施用地等。国家高度重视保障乡村公共服务设施用地需求。

2017年12月，原国土资源部、国家发展改革委联合印发《关于深入推进农业供给侧结构性改革做好农村产业融合发展用地保障工作的通知》，明确提出各地区在编制和实施土地利用总体规划中，要适应现代农业和农村产业融合发展需要，优先安排农村基础设施和公共服务用地，做好农业产业园、科技园、创业园用地安排。乡（镇）土地利用总体规划可以预留少量（不超过5%）规划建设用地指标，用于零星分散的单独选址农业设施、乡村旅游设施等建设。

2021年1月，自然资源部、国家发展改革委、农业农村部联合发布《关于保障和规范农村一二三产业融合发展用地的通知》，对保障农村一二三产业融合发展合理用地需求，为农村产业发展壮大留出用地空间作出安排，提出把县域作为城乡融合发展的重要切入点，科学编制国土空间规划，因地制宜合理安排建设用地规模、结构和布局及配套公共服务设施、基础设施，有效保障农村产业融合发展用地需要等要求。

（三）农村集体经营性建设用地入市

《土地管理法》第六十三条明确规定，土地利用总体规划、城乡规划确定为工业、商业等经营性用途，并经依法登记的集体经营性建设用地，土地所有权人可以通过出让、出租等方式交由单位或者个人使用，并应当签订书面合同，载明土地界址、面积、动工期限、使用期限、土地用途、规划条件和双方其他权利义务。这是我国法律首次明确允许集体经营性建设用地入市流转，从法律上为农村土地进入市场流转，进而为构建城乡统一的建设用地市场扫清了制度障碍，这是集体建设用地管理中的一项重大制度创新。

《乡村振兴促进法》在《土地管理法》相关条款基础上，进一步对集体经营性建设用地入市的用途进行了明确规定，即"优先用于发展集体所有制经济和乡村产业"，突出了优先用于乡村振兴的具体要求。集体经营性建设用地入市须以"符合规划和用途管制"为前提依法推进，要合理界定集体经营性建设用地入市范围和条件，尤其是应对开发边界以内和跨开发边界的集体经营性建设用地入市范围、数量、用途等作出明确规定。要优先推进存量集体经营性建设用地入市，以存量再开发为主，有序推进集体经营性建设用地出让、租赁、入股改革，促进农村土地高质量利用。因地制宜推动集体经营性建设用地出让、租赁、入股等多元化交易模式创新，因业制宜推动不同产业用地类型

151

合理转换，按照法律要求优先支持集体所有制经济和乡村产业。积极探索建立集体经营性建设用地增值收益分配机制，加快探索城乡统一的建设用地市场建设，统一交易规则和交易平台，完善城乡基准地价、标定地价的制定与发布制度，形成与市场价格挂钩的动态调整机制。

阅读链接

加快构建新型农业经营体系　逐步将小农户引入现代农业发展轨道 ①

十三届全国人大常委会第三十二次会议 2021 年 12 月 21 日在北京举行第二次全体会议。会议听取了农业农村部副部长邓小刚受国务院委托作的关于加快构建新型农业经营体系推动小农户和现代农业发展有机衔接情况的报告。报告显示，近年来，各地区、各部门认真贯彻落实党中央、国务院决策部署，采取有力举措，强化政策支持和责任落实，加快构建新型农业经营体系，通过主体联农、服务带农、政策强农，逐步将小农户引入现代农业发展轨道。

1. 加快培育新型农业经营主体

近年来，各地区、各部门加快培育新型农业经营主体，创新带动

---

① 参见蒲晓磊:《加快构建新型农业经营体系　逐步将小农户引入现代农业发展轨道》,《法治日报》2021 年 12 月 22 日。

小农户发展。

实施家庭农场培育计划，鼓励引导有长期稳定务农意愿的小农户稳步发展成为适度规模经营的家庭农场，截至 2021 年 9 月底，全国家庭农场超过 380 万个，平均经营规模 134.3 亩。

开展农民合作社规范提升行动，坚持农户成员在合作社中的主体地位，以内强素质、外强能力为重点，引导农民合作社建立健全规范管理制度，提升运行质量，深化社企对接，让农户成员切实受益；专项清理"空壳农民合作社"，在 406 个县（市、区）实施质量提升整县推进试点。截至 2021 年底，全国依法登记的农民合作社 223 万家，带动全国近一半农户。其中，在脱贫地区培育农民合作社 72 万家，吸纳带动脱贫户 630 万户。

2. 促进持续增收渠道更加多元

报告指出，促进小农户持续增收的渠道更加多元，是近年来取得的显著成效。

依托农业社会化服务体系实现了农业生产的集约经营和集成服务，降低了小农户生产成本。据抽样调查，与农民自种和流转土地种粮相比，采用生产托管方式种粮，亩均成本最低、产量最高，纯收益平均提高 20% 以上。

依托各类新型农业经营主体带动实现了农业价值链增值和农民就业增收，全国市级以上农业产业化龙头企业共吸纳近 1400 万农民稳定就业，各类农业产业化组织辐射带动 1.27 亿农户，户均年增收超过3500 元。

依托农村集体经济组织发展实现了要素分红促进增收，通过盘活农村集体资源资产，吸纳农户以土地、住房等入股集体经济组织，释放了小农户的财产性收入增长红利。

3.相关支持保护制度持续优化

报告显示，支持保护制度持续优化，突出高质量绿色发展导向，农业补贴、农产品价格形成、主产区利益补偿等制度不断建立健全。

小农户权益保护持续强化，农户土地承包经营权、宅基地使用权和集体收益分配权得到切实维护，截至 2020 年底，全国累计颁发农村土地承包经营权证 2.1 亿份，覆盖 95.3% 的家庭承包经营户，土地承包经营纠纷受理数连续 4 年下降。

金融供给服务持续改善，截至 2021 年 3 季度末，全国农户贷款余额 13.2 万亿元，全国农担体系累计担保金额 5586 亿元、政策效能放大 8.7 倍。

保险覆盖面持续扩大，2020 年我国农业保险保费收入 815 亿元，为 1.89 亿户次农户提供风险保障 4.13 万亿元。

第 七 章

人才建设

. . . .

　　人才是乡村振兴的动力和支撑。习近平总书记高度重视人才的重要作用，他指出："发展是第一要务，人才是第一资源，创新是第一动力。"要推动人才振兴，把人力资本开发放在首要位置，强化乡村振兴人才支撑，加快培育新型农业经营主体，让愿意留在乡村、建设家乡的人留得安心，让愿意回报乡村的人更有信心，激励各类人才在农村广阔天地大施所能、大展才华、大显身手，打造一支强大的乡村振兴人才队伍，在乡村形成人才、土地、资金、产业汇聚的良性循环。

　　2021 年 2 月，中共中央办公厅、国务院办公厅印发《关于加快推进乡村人才振兴的意见》，就加快培养农业生产经营人才、农村二三产业发展人才、乡村公共服务人才、乡村治理人才、农业农村科技人才提出了明确要求，作出了农村工作干部培养锻炼、乡村人才培养、各类人才定期服务乡村等一系列制度安排，明确了乡村人才振兴的时间表、路线图。《乡村振兴促进法》对乡村人才振兴作出具体规定，为新发展阶段乡村人才振兴提供了法治支撑和保障。2022 年 5 月，中共中央办公厅、国务院办公厅印发的《乡村建设行动实施方案》提出，加快培育各类技术技能和服务管理人员，探索建立乡村工匠培养和管理制度，支持熟悉乡村的专业技术人员参与村庄规划设计和项目建设，统筹推进城乡基础设施建设管护人才互通共享。

一、健全乡村人才工作体制机制

实施人才强国战略是党和国家一项重大而紧迫的任务。党的十八大以来，习近平总书记就做好人才工作、实施人才强国战略作出一系列重要论述，体现了党中央对人才的重视，突出了人才工作在全局工作中的重要战略地位。党的十九大作出了实施乡村振兴战略的重大决策部署。乡村人才是实施乡村振兴战略的主力军，推动实现乡村人才振兴是确保乡村振兴的关键所在。

近年来，各部门按照党中央决策部署，强化分类指导、分层推进和分工协作，高点筹划、高效推进、高标准落实，围绕乡村振兴的形势要求，出台支持政策，持续加强对乡村带头人才的培育扶持，培养了大批生产经营人才、专业服务人才、乡村治理人才、创业创新人才，把握"引育用留"关键，为推动人才振兴提供了保障。虽然我国人才队伍培养取得了阶段性成果，但总体来看，乡村高素质高层次人才短缺、区域分布不均衡，基础教育和职业教育重视和投入程度不够，人才引育激励不足等问题仍然较为突出，乡村人才总体发展水平与乡村振兴的要求之间还存在较大差距，乡村人才瓶颈成为影响乡村振兴的障碍之一。

进入新发展阶段，全面推进乡村振兴、加快农业农村现代化与乡村人才供求间的矛盾将更加凸显。因此，要健全乡村人才工作体制机制，大力培养本土人才，引导城市人才下乡，推动专业人才服务乡村，吸引各类人才在乡村振兴中抢抓机遇、乘势而上、建功立业，充分释放人才红利。

（一）健全本土人才培养机制

健全本土人才培养机制需要按照多元主体、分工配合的思路进行推进，推动政府、培训机构、企业等发挥各自优势，共同参与乡村人才培养，解决制约乡村人才振兴的问题，形成工作合力。支持和鼓励中央和国家机关有关部门、地方政府、高等院校、职业院校加强合作，持续为艰苦地区和基层一线订单式培养专业人才。推动职业院校（含技工院校）建设涉农专业或开设特色工艺班，与基层行政事业单位、用工企业精准对接，定向培养乡村所需人才。充分挖掘各村"土专家""田秀才"，并制订培养计划和帮带措施，推动更多乡村人才脱颖而出。

（二）丰富外部人才引进机制

坚持培养与引进相结合、引才与引智相结合，广招英才、高效用才，拓宽乡村人才来源。强化乡村引才聚才激励，畅通智力、技术、管理下乡通道，依托农业龙头企业、重大农业项目建设人才创业平台，支持大学生、退役军人、企业家等到农村干事创业，支持国家工作人员、城市教师、医生、科技人员、文化工作者、法律工作者、社会工作者等专业人才到乡村定期服务、退休返乡参与乡村建设。

（三）优化完善人才保障机制

强化人才政策保障，重点支持各类乡村人才发展新产业新业态；

推进农村金融产品和服务创新，鼓励证券、保险、担保、基金等金融机构服务乡村振兴，引导工商资本投资乡村事业，带动人才回流乡村。提高乡村人才服务保障能力，完善乡村人才认定标准，做好乡村人才分类统计，建立健全县乡村三级乡村人才管理网络；大力发展乡村人才服务业，引导市场主体为乡村人才提供中介、信息等服务；统筹部署分散在各部门各行业的乡村人才保障工作，促使各项人才保障工作形成合力，建成协调推进的工作机制；对长期工作在基层一线和艰苦边远地区的人才，加大爱岗敬业表现、实际工作业绩及工作年限等评价权重，落实完善工资待遇倾斜政策，激励人才扎根一线建功立业。制定乡村人才专项规划，对标实施乡村振兴战略需要，评估乡村人才供求总量和结构，细分乡村人才供求缺口，探索建立乡村人才信息库和需求目录。

二、健全农业农村干部队伍培养机制

习近平总书记指出："农村政策千条万条，最终都得靠基层干部来落实。"农村基层干部常年风里来雨里去，同农民直接打交道，是推动农村发展、维护社会稳定的基本力量。推动乡村振兴战略落地实施，离不开广大农村干部的积极推动和参与。

随着农业农村现代化进程的加快，乡村全面振兴对农村干部队伍的能力和素质的要求越来越高。然而，当前农村干部队伍建设与乡村振兴还有一定差距。不少地区干部队伍老龄化，农村有能力的年轻人大多外出务工经商。一些村干部有着丰富的基层工作经验，但理论水平有限，养老等保障体系比较缺失。基层组织干部工作任务繁重，上级部署的各项工作都有硬性考核指标和专项督查，检查评比数量多，考核压力越大，被问责追责的压力也较大。乡村基层组织负责人文化水平和业务素质不高，管理理念落后，知识结构较为单一。为进一步提升乡村振兴各项工作民主化、法治化、科学化水平，亟须建立相关机制，加快农业农村干部队伍培养。

（一）健全农业农村干部队伍的培养机制

深化农业农村干部发展体制机制改革，建立健全农业农村工作干部队伍的培养、配备、使用、管理，建立回引机制，拓宽引进人才的途径，从优秀退役军人、返乡创业人士、致富带头人中培养选拔致富能人进入基层队伍。不断提高干部教育培训质量，结合"三会一课"、主题党日活动等创新学习教育方式，全面提升干部政治素养和理论水平，通过"传、帮、带"方式提升年轻干部、后备干部综合素质，培养其履职尽责、实干担当精神。要不拘一格选拔使用优秀年轻干部，为其搭建发展平台，及时推荐、提拔、重用优秀年轻干部。强化干部教育管理和约束监督，确保干部走得稳、行得远、知敬畏、存戒惧、守底线。

（二）丰富农业农村干部培训方式

强化"头雁工程""雁阵工程""雏雁计划"等育人抓手。实施乡村治理人才能力提升系列工程，加强对农村基层组织负责人的培养和锻炼，实施村级组织负责人队伍优化提升行动，培养一支有激情、会干事的"带头人"队伍。推动部门联合，共同搭建农业农村干部政治素质和综合业务能力提升教育平台，完善农业农村干部培训的工作方案，开展农业农村干部技能需求调查，完善培训后续跟踪评价体系，提升培训效果。结合村"两委"换届，深入开展村级干部轮训，逐步扩大轮训范围。

（三）提高农业农村干部队伍待遇保障

长期以来，农村基层干部承担了大量工作，但其待遇较低、社会保障相对不足。各地需要研究稳步提高农村基层干部待遇，逐渐改善其工作和生活条件。完善乡镇公务员和事业编制人员年终奖金和年度绩效工资政策，稳步提高其收入水平，逐步提高乡镇工作补贴标准，重点向艰苦边远地区倾斜。实行村干部报酬与工作绩效挂钩，以基本报酬加绩效考核奖励报酬方式发放。乡镇（街道）干部、事业编制人员基本养老保险、医疗保险、失业保险、工伤保险、生育保险和住房公积金，以及离任村干部生活补助等，要统筹解决、逐步提高。

（四）营造激发农业农村干部队伍潜力的基层管理体制

按照重心下移、权责一致和按需下放的原则，进一步明确乡镇权力实施主体，将面广量大、基本管理迫切需要、具备承接条件的审批服务事项和执法权限赋予乡镇，进一步扩大乡镇"一站式""一窗口"政务服务，建立健全乡镇级执法队伍。鼓励探索一人多岗、一人多能等机制，整合下派人员、"三支一扶"、西部志愿者等工作人员，促使基层事情有人办，推动实现"人员精简、管理统一、服务高效"的目标。对乡镇现行机构设置、组织架构、联络机制、干部管理等进行改革，整合机构重叠交叉繁杂问题，明确工作职责，避免出现乡镇工作人员相互推诿、执行不力等问题，提高乡镇职能机构工作的实际运行效果。减少内部管理层级，减少不必要的落实和传导，促进干部勇于担当，形成齐抓共管格局。

三、加强乡村人才队伍建设

人才兴则事业兴，人才强则乡村强。加强乡村人才队伍建设是农村经济社会发展的关键要素。党的十九大报告提出实施乡村振兴战略，培养造就一支懂农业、爱农村、爱农民的"三农"工作队伍。

（一）加强农村专业人才队伍建设

农村专业人才活跃在农村经济社会发展第一线，是具有一定科学文化知识或一技之长的专业人才，是为推动农业农村现代化发展作出突出贡献的农村能人。农村专业人才主要包括县域农村专业人才，乡村教师，边远贫困地区、边疆民族地区和革命老区人才，"三支一扶"人员，特岗教师，农业职业经理人，农业职业经纪人，乡村工匠，文化能人，非遗传承人等。他们在传播普及科学知识、示范应用农业先进实用技术、带领一方群众致富、推动当地经济社会发展等方面具有独特作用。

农村专业人才队伍建设是提高农民整体素质的有效途径。农村专业人才对本地环境资源、生产经验、风土人情非常熟悉，实践经验丰富。他们有强烈的奉献精神、高超的专业技能，能够组织产业化生产，能够起到一定的示范、带动或辐射作用。他们不仅自己干得好，而且能够带领周边的群众跟着自己干，能够把自己掌握的知识传授给身边的农民，进而有效地提高农民的整体素质。

1. 加强农村科技人才队伍建设

农村科技人才主要包括科技创新人才和科技推广人才。近年来，在农村科技创新人才队伍建设上，高端人才引领乡村科技创新的能力不断提升，本地人助力乡村科技创新的本领不断增强，但也面临着人才扎根基层困难、结构失衡、缺乏企业平台等问题。在农村科技推广人才队伍建设上，科技特派员制度不断得到巩固，高校科技服务模式持续完善，但基层科技推广人才素质能力相对较低、专业背景单一是抑制农村科技推广人才队伍发展的重要因素。

培育农村科技人才创新队伍，一方面要推动国家重大人才工程、人才专项优先支持农业农村领域，推进对农业农村科研杰出人才的培养，鼓励各地实施农业农村领域"引才计划"，加快培育一批高科技领军人才和团队。另一方面要依托现代农业产业技术体系、农业科技创新联盟、现代农业产业科技创新中心、农业龙头企业等平台，发现人才、培育人才、凝聚人才。

发展农村科技推广人才队伍，一是继续深入推进科技特派员服务乡村，健全"政府派、市场派、社会派"等多元化"选派"制度。二是继续强化高校的科技转化服务水平，鼓励高校设立农村科技推广及其能力建设项目，鼓励高校把农村科技推广服务业绩作为其社会服务绩效考核的重要内容。三是推进农村基层农村科技推广体系改革，全面实施农村科技推广服务特聘计划，探索公益性和经营性农村科技推广融合发展机制，允许农村科技人员通过提供增值服务合理取酬。

2. 加强农村经营管理人才队伍建设

农村经营管理人才主要包括家庭农场经营者、合作社经营管理者、农村创业创新带头人等，是有效衔接小农户与现代农业的重要纽带，是推动乡村产业兴旺的中坚力量。但农村经营管理人才面临培养机制不健全、评价激励不足、生产生活不便等问题，导致服务农民、帮助农民、提高农民、富裕农民等功能作用的发挥受阻。因此，必须切实加强农村经营管理人才队伍建设。

一是要健全家庭农场经营者的培训制度，加强指导和服务建设，支持各类教育机构开展分类分层分模块培训，提高针对性，不断丰富培训形式，开展线上线下培训，支持各地依托涉农院、科研院所以及农业龙头企业等，通过田间学校等形式开展培训。

二是要放活农民合作社人才利用机制，壮大辅导员队伍规模。大力推行柔性人才利用方式，支持各类专业人才通过项目合作等形式为农民合作社提供智力服务。建立健全省、市、县、乡农民合作社辅导员队伍体系，探索建立辅导员信息档案和聘任制度。

3. 加强农村法律服务人才队伍建设

农村法律服务人才主要包括乡镇法律服务所、基层司法局、法律援助机构及调解组织工作人员等。目前，很多农村法律服务工作者没有经过专门系统的学习，法律专业知识不全面，在处理农村纠纷时不能及时有效提供专业指导，部分农民群众合法权益未能及时得到有效法律保护。聚焦服务乡村振兴大局，要抓实法律人才的引进、培养和运用三个环节。

一是推动更多执法资源下沉一线，实施"人才引进"工程，通过招录、政府购买服务、发展志愿者队伍等方式，充实农村公共法律服务人才队伍。

二是科学推进法律人才培养，建立"市级—部门—区镇"三级培训体系，创新开展分级分类培训，选树先进典型，发挥示范引领作用，全面推进农村法律人才队伍建设迈上新台阶。

三是搭建基层法治服务平台，动员农业综合行政执法人员、公共法律服务人员、法律明白人、农村学法用法示范户、人民调解员、村（社区）法律顾问等积极参与法治乡村建设，让法治助力乡村振兴。

4. 加强农村社会工作人才队伍建设

农村社会工作人才主要包括农村社区服务人才、农村社会组织人才、农村社会工作专业人才等。农村社会工作人才队伍建设主要面临的问题有对农村社区服务人才重视不足、社会组织人才队伍薄弱、社会工作专业人才队伍建设缺少规划等。为进一步加强农村社会工作人才队伍建设，要从以下几个方面着手。

一是加强农村社区服务人才队伍建设，通过项目奖补、税收减免方式，引导高校毕业生、退役军人等各类返乡人员领办、参办乡村便民服务机构（企业）或从事乡村便民服务。

二是加强农村社会组织人才队伍建设，加大农村社会组织培育发展力度，支持和鼓励政府向社会组织购买服务，引入社会工作专业人才，吸引人才向农村社会组织流动。

三是加强农村社会工作专业人才队伍建设，以推进乡镇社会工作站（室）建设为重点，加强农村社会工作岗位开发和人才使用，规范发展社会工作服务机构和行业组织，加大涉农有关部门购买社会工作服务力度。

5. 加强农村文化人才队伍建设

农村文化人才是实现乡风文明目标的重要力量。当前，由于农村文化人才引进、评价、管理、流动和晋升等方面制度不健全、农村文化人才薪资报酬较低、岗位晋升渠道不畅和人才培训机制不健全等问题，制约了农村文化供给服务能力提升。要加快实施农村文化人才培养工程，完善文化和旅游、广播电视、网络视听等专业人才扶持政策，培养一批乡村文艺社团、创作团队、文化志愿者、非遗传承人等。推动城市文化人才下乡服务，并重点向革命老区、民族地区、边疆地区倾斜。

（二）加强乡村教育人才培养

乡村教师是工作在乡村或是服务于乡村教育事业发展的教育工作者，既包括乡村本土教师，又包括部分城市教师。党中央、国务院一向重视乡村教师队伍建设，特别是党的十八大以来，乡村教师培育渠道得到拓展，乡村教师队伍持续壮大；乡村教师编制配备不断创新，逐步解决结构性缺员问题；交流轮岗持续推进，城镇优秀教师向乡村流动；职称评聘精确倾斜，乡村教师的发展通道得到拓展，乡村教师队伍建设取得显著成效。

但系统地看，加快推进乡村教师队伍建设仍面临诸多困难与问题。首先，乡村教育功能遭到削弱，人才培养脱离乡土环境。近年来，乡村教育资源被抽离、教育功能被削弱，乡村人才培养失去乡土环境。其次，教师队伍整体素质不高，外出培训交流机会有限。教师专业发展机构建设薄弱，特别是省级及以下本地培训机构缺乏长期有效的支持，专业人员缺乏、培训经费不足、培训质量不高等问题比较突出。最后，编制配备不够合理，管理体制机制有待理顺。"县管校聘"管理改革难以有效落地，教师招录不能充分体现行业特点，职称评聘分离的历史问题还有待进一步解决。

1. 持续改善农村学校办学条件，支持开展网络远程教育

乡村振兴必先振兴乡村教育，优先发展乡村教育，就要着力补上

乡村学前教育短板，统筹规划布局农村基础教育学校，科学推进义务教育公办学校标准化建设，全面改善乡村义务教育薄弱学校基本办学条件，加强寄宿制学校建设，提升乡村教育质量，实现县域校际资源均衡配置。同时，用好远程教育手段，利用网络信息技术的优势，让优质教育资源互联互通、协同共享，破解教育资源不足、配置不均衡，解决教育起点不公、过程不公和结果不公问题。

2. 加大乡村教师培养力度，吸引高校毕业生等人才

教师是影响学生健康成长、提高教育质量的核心力量。打造一支数量充足、素质优良、甘于奉献、扎根乡村的教师队伍，关键在于抓好源头培养，引育乡村教师。要通过建立健全高校、地方政府、乡村中小学校共同参与、各负其责、有效衔接、协同育人的乡村教师培养机制，培养本土乡村教师并确保这些教师能融得进、留得下，引导城市教师流动到乡村支教服务。加大公费师范生培养力度，实行定向培养，明确基层服务年限，推动特岗计划与公费师范生培养相结合。

3. 保障和改善乡村教师待遇，激励教师工作积极性

乡村教师为乡村教育事业发展作出了历史性贡献，但也面临"下不去""留不住""教不好"等突出问题。一要抓编制问题，解决教师编制短缺难题。探索通过跨行业跨区域调剂编制以及建立周转编制、附加编制等制度，解决乡村学校特别是小规模学校和寄宿制学校教师短缺难题；研究实行岗编适度分离，让人才编制在县及以上，工作岗位在乡村。二要抓职业成长，增强教师职业认同。把拓展发展空间、畅通发展通道作为增强乡村教师职业吸引力的主要举措，实现声誉激励需要与能力提高需要双重满足。三要提高工资待遇，保障乡村教师基本工作生活。继续把教师队伍建设作为教育投入重点予以优先保障，教育投入更多向教师倾斜，不断提高乡村教师待遇。

（三）加强乡村卫生健康人才培养

乡村卫生健康人才是工作在乡村或是服务于乡村的卫生健康工作者，主要包括乡镇卫生院、社区卫生服务中心的各类专业技术人员，以及长期服务乡村的城市卫生健康工作者。新一轮医改以来，一系列针对乡村卫生健康人才培养、引进、运用、激励的政策陆续出台落实，乡村卫生健康人才的培养力度加强、人才晋升政策向基层卫生健康人才倾斜、基层编制管理使用政策持续改革放活、县乡一体化的人才下沉机制持续落实，多措并举，扎实推进。

但乡村卫生健康人才队伍建设仍面临诸多方面的困难与问题。一是以基层岗位胜任力为导向的课程体系改革需进一步深化，基层实践教学基地的标准化、规范化建设力度有待进一步加强，全科医学师资的整体实力与教学水平有待进一步提高。二是乡镇卫生院在编制管理方面仍存在部门协调的体制机制障碍，基层机构人员编制管理仍然滞后。三是基层医疗机构仍然缺乏用人自主权，这是城乡各级医疗机构普遍存在的问题。

1. 支持县乡村卫生健康人员参加培训、进修，建立县、乡、村上下贯通的职业发展机制

要增强基层卫生健康人才队伍的生机和活力，就要让乡村卫生健康人才的职业发展活起来。一方面，要优化乡村基层卫生健康人才能力提升培训项目，加强在岗培训和继续教育。另一方面，要强化县域卫生健康人才一体化配备和管理，在卫生健康人才配备和使用中坚持"县域一体"。在人才配备上，打破目前按机构、不同机构按床位或人口等不同要素的配备标准；在组织编制和岗位设置上，打破层级和机构界限，在区域卫生健康人才总量内统一规划和设置。

2. 对在乡村工作的卫生健康人员实行优惠待遇，鼓励医学院校毕业生到乡村工作

要多措并举保障乡村卫生健康人才队伍建设，提高基层医疗服务水平。一是推进乡村基层卫生健康机构公开招聘，艰苦边远地区县级及基层卫生健康机构可根据情况适当放宽学历、年龄等招聘条件。二是进一步健全政府、高校、用人单位等多方"协同培养、协同就业、协同发展"的协同共育联动机制，畅通全科医学人才到基层就业的渠道。三是坚持系统、综合施策，引导医学专业高校毕业生入乡服务，围绕人才培养开发机制，集成订单定向、规范化培训、在岗培训等措施，提升基层人才能力；围绕人才评价发现机制，集成职称评审、中高级岗位调整等措施，拓展基层人才职业空间；围绕人才流动配置机制，集成编制核定与周转、空编充分使用、招聘自主等措施，合理增加基层卫生健康机构的编制数量并动态调整，完善基层人才配备。

3. 支持医生到乡村卫生健康机构执业、开办乡村诊所、普及卫生健康知识

建设乡村卫生健康人才队伍，既要争取增量，又要挖掘存量，要让城市医生更好地为增进人民健康、支持基层卫生健康服务体系作出新贡献。要鼓励城市医生到乡村基层卫生健康机构多点执业，开办乡村诊所，普及卫生健康知识，充实乡村卫生健康人才队伍，不断提升基层卫生健康机构服务能力。

（四）加强乡村高素质农民培育

大力培育高素质农民是促进乡村人才振兴、破解"谁来种地"困境、保障国家粮食安全和重要农产品有效供给的重要举措。"十三五"以来，高素质农民培育工作持续推进。截至 2020 年 9 月，中央财政累计投入 91.9 亿元，扎实推进分层分类分模块按周期培训，线上线下培训有机融合，提升农民生产经营水平和综合素质。截至 2020 年底，全国高素质农民数量超过 1700 万人，高中以上文化程度者占比达到 35%，成为新型农业经营主体的骨干力量。

高素质农民队伍建设在取得显著成效的同时，也面临一些突出问题。例如，农民教育培训体系有待健全完善，高素质农民培育的针对性、规范性、有效性亟待提高，高水平师资缺乏，实训及创业孵化基地、信息化手段等基础条件薄弱，社会资源广泛参与的机制不活，培育精准程度总体不高，与现代农业建设加快推进、新型农业经营主体蓬勃发展的需要不相适应，高素质农民队伍发展存在基础不牢、人员不稳等问题，农民要成为体面的职业任重道远。

1. 加强职业教育和继续教育，组织开展农业技能培训、返乡创业就业培训和职业技能培训

推动乡村全面振兴，提高农民技术水平和综合素质至关重要，应探索推进高素质农民培育工程、农村实用人才带头人培训等各类涉农培训与农业职业教育相衔接。在开展农业技术技能培训方面，面向直接从事种植、养殖和农产品加工的农民，围绕地方产业布局、主导产业规划和全产业链需求开展大规模技术技能培训，按照产业周期组织实施，培养一批新型农业经营主体带头人、生产性服务组织带头人、提升产业发展水平和带动能力。在开展返乡创业就业和职业技能方面，通过专题培训、实践锻炼、学习交流等方式，完善乡村企业家培训体系，完善涉农企业人才激励机制，加强对乡村企业家合法权益的保护。

2. 支持高等院校、职业学校设置涉农相关专业，鼓励高等院校、职业学校毕业生到农村就业创业

对于高等农业院校而言，服务乡村振兴战略是时代赋予其的历史使命，要充分发挥自身优势，助力乡村振兴，自觉担负起历史使命与责任。一方面，应推动实施百万乡村振兴带头人学历提升行动，统筹中高等涉农职业院校、农业广播电视学校等资源，突出产业育人导向，大力推行完善农学交替、弹性学制、送教下乡办学模式，为农民量身定制培养方案。发挥高校人才团队和学科综合优势，促进各种先进技术与农业发展的交叉融合，优化交叉融合的创新布局，探索新模式、引领新方向。另一方面，对涉农高校毕业生从政策、资金、项目上给予扶持，完善服务保障机制，引导大批高校毕业生到农村工作，发挥高校毕业生在促进乡村振兴中的作用。

四、促进返乡入乡人员创业创新和农民增收

农村地区基础设施相对落后，生产经营配套设施还不完善，加上农业的自然灾害和疫病风险，在乡村创业比在城市创业面临更高的成本和更大的风险。同时，返乡入乡创业还面临资金筹集难、服务获得难、人才支撑难、企业用地难、风险应对难等难题，返乡入乡人员创业创收和农民增收面临一定压力。

（一）完善扶持和引导政策

各级人民政府应当完善对返乡入乡人员的创业扶持和引导政策。

一是给予财政补贴和税费减免等支持政策。创新财政资金支持方式，统筹利用现有资金渠道或有条件的地区因地制宜设立返乡入乡创业资金、充分利用外经贸发展专项资金等，为返乡入乡创业人员和企业提供支持。返乡入乡创业人员可在创业地享受与当地劳动者同等的创业扶持政策。对符合条件的，及时落实税费减免、场地安排等政策，并可给予创业补贴；对吸纳就业困难人员、相对贫困人员就业的，按规定给予社会保险补贴；加大对符合条件的返乡入乡创业人员的创业担保贷款贴息支持，落实创业担保贷款奖补政策，合理安排贴息资金。落实房租物业费减免、水电暖费定额补贴等优惠政策。对符合条件的厂房租金、卫生费、管理费等给予一定额度减免。

二是健全用地支持政策，保障返乡入乡创业生产经营空间。优先保障返乡入乡创业用地，在安排年度新增建设用地计划指标和其他建设用地指标时，要加大对返乡入乡创业人员从事新产业新业态发展用地的支持；完善土地利用方式，鼓励农村承包地集中流转，拓展农村宅基地所有权、资格权、使用权"三权分置"改革试点，创办农业休闲观光度假场所和农家乐的，可依法使用集体建设用地；盘活存量土地资源，盘活工厂、公用设施等的闲置房产、空闲土地，依法依规改造后为返乡入乡创业人员提供低成本的生产和办公场地。

三是缓解返乡入乡创业融资难题。加大贷款支持力度，创新金融产品和服务，适当提高对返乡入乡创业企业贷款不良率的容忍度；引导直接融资，切实发挥国家中小企业发展基金、国家新兴产业创业投资引导基金及各地的产业引导基金、创业投资基金等作用，积极利用上市、发行债券等方式拓宽融资渠道；创新担保方式，探索实施信用贷款政策，放宽小微企业创业担保贷款申请条件，鼓励保险公司提供贷款保证保险产品；扩大抵押物范围，探索集体经营性建设用地、宅基地使用权抵押贷款等业务，探索实施利用大型农机具、股权、商标、应收账款等抵（质）押贷款。

（二）加强创业服务

一是深化"放管服"改革，优化返乡入乡创业营商环境。推进简政放权，实施市场准入负面清单制度，简化优化审批手续和流程，清理不合理的审批和许可事项等；优化创业服务，加快推进政务服务"一网通办"，鼓励县级以上地区设立"一站式"综合服务平台；培育中介服务市场，提供管理咨询、创业指导、资源对接、市场开拓等深度服务；构建亲商安商的良好环境，形成"引得进、留得住、干得好"的发展环境。

二是加强创业培训服务。把有培训需求的返乡入乡创业人员全部纳入创业培训范围；根据创业意向、区域经济特色和重点产业需求，提高培训的针对性、实用性和便捷性；按规定落实培训补贴。优化人力资源，增强返乡入乡创业发展动力。增加创业培训，使每位有意愿的创业者都能接受创业培训；符合条件的，按规定纳入职业培训补贴范围；大力培养本地人才，坚持需求导向，开展合作订单式培训和职业技能培训；加快职业技能培训平台共建共享；加大人才引进力度。

三是完善配套设施和服务，强化返乡入乡创业基础支撑。完善信息、交通、寄递、物流等基础设施，健全以县、乡、村三级物流节点为支撑的物流网络体系；搭建创业平台，支持和引导地方建设返乡入乡创业园区（基地）；优化基本公共服务，从城镇落户、优质教育和住房供给、社会保障等方面提供良好环境。

四是强化组织保障，确保返乡入乡创业政策落地见效。各地通过加强组织领导，强化评估考核，做好宣传引导，形成全社会广泛关心、支持和参与返乡入乡创业的良好氛围。

（三）拓宽创新创业就业门路

各级人民政府应当依托本地资源和人才优势，以降低各种生产经营成本为出发点，突出县域特色，发展特色村镇，在中心乡镇形成相对集中的产业优势项目，在农村发展促进增收和就业的各类项目。

拓宽返乡入乡创业就业门路。要支持返乡入乡人员回归种养业，从事规模种养、特色种养、育苗育种等，也要支持发展农产品初加工、餐饮民宿、特色工艺等；要支持返乡入乡人员领办合办农民合作社，支持其发展家庭农场、家庭工场、乡村车间、小微企业，也要支持其发展农业产业化龙头企业或者中大型企业。要通过积极引导，鼓励返乡入乡创业中运用信息技术，通过开办网店、云视频、直播直销等，推动当地产加销服、农文旅教等领域发展，打造本地"网红产品"，深度推进一二三产业融合，带动本地产业发展。

（四）拓宽农民增收渠道

农民增收是实现农民生活富裕的必然途径。农民增收是城乡融合发展的必然要求。加快形成工农互促、城乡互补、协调发展、共同繁荣的新型工农城乡关系，必须持续增加农民收入特别是缩小城乡居民收入差距。农民增收是构建以国内大循环为主体、国内国际双循环互相促进的新发展格局的重要环节。构建新发展格局，坚持扩大内需，农村市场具有巨大的潜力。但是需求潜力要成为现实的购买力，必须依靠增加农民收入。因此，各级人民政府应当鼓励支持农民拓宽增收渠道，促进农民增收。

一是要促进农村劳动力更高质量更充分就业。要有序引导农村转移劳动力，促进农村劳动力到效率更高的领域和部门就业。通过职业技能培训，拓宽就业创业渠道。统筹城乡产业布局，发展县域经济，鼓励农民就近就业。

二是要优化农民财产性收入稳步提升的制度环境。推动资源变资产、资金变股金、农民变股东，赋予农民更多财产权利。健全要素由市场评价贡献、按贡献决定报酬的机制。落实农村土地承包关系稳定并长久不变政策。稳慎推进宅基地制度改革，完善盘活农民闲置宅基地和闲置农房政策。加快建设城乡统一的建设用地市场，建立同权同价、流转顺畅、收益共享的农村集体经营性建设用地入市制度。完善对被征地农民的合理、规范、多元保障机制。

三是要完善农业补贴政策。完善对农民直接补贴政策，健全以税收、社会保障、转移支付等为主要手段的再分配调节机制，加大对农民直接补贴力度。完善重要农产品生产者补贴制度，建立补贴标准动态调整机制，完善农业服务补贴政策，促进农业生产性服务业良性竞争、提质增效。完善农业生态补偿制度，及时调整农业资源休养生息补偿标准。统筹整合涉农资金，探索建立普惠性农民补贴长效机制。

四是要健全城乡统筹的社会保障制度。各项保障措施要更加注重向农村、基层、欠发达地区倾斜，向困难群众倾斜，促进社会公平正义，让发展成果更多更公平地惠及全体人民。健全基本养老保险制度、基本医疗保险制度，推动农民工失业保险扩大覆盖面、提高参保率，完善最低生活保障制度，做好农村社会救助工作，稳步提高保障水平。

（五）建立紧密型利益联结机制

党的十八大以来，党中央高度关注企农利益联结机制问题。2014 年 1 月，习近平总书记在内蒙古自治区看望慰问各族干部群众时指出，要探索一些好办法，帮助农牧民更多分享产业利润效益，真正同龙头企业等经营主体形成利益共同体。在农业现代化进程中，农业产业组织形式不断创新，农民专业合作社、家庭农场、涉农企业、电子商务企业、农业专业化社会化服务组织等广泛参与农业生产经营，有力促进了乡村产业发展。同时，要避免大资本大企业侵犯农民利益，支持各类组织与农民建立紧密型利益联结机制，带动小农户的增收，促进农民共同富裕。

《乡村振兴促进法》第二十一条第三款规定，国家支持农民专业合作社、家庭农场和涉农企业、电子商务企业、农业专业化社会化服务组织等以多种方式与农民建立紧密型利益联结机制，让农民共享全产业链增值收益。第二十三条则规定，鼓励供销合作社加强与农民利益联结。

当前，各类经济组织与农民利益联结的模式一般有以下 4 种。

一是订单模式。如龙头企业与农民签订"农资供应—生产—购销"合同，农户按照企业提供的农业生产资料和生产方案进行农业生产，企业按照合同约定的农产品价格收购，并常伴有二次返利等奖励措施让农民获得产业增值收益，提高农民生产高质量产品的积极性。

二是股份合作模式。如农户以土地经营权、农机具等入股龙头企业，或先入股农民合作社，农民合作社再入股或投资兴建龙头企业，农户以股东身份获得收益。

三是服务带动模式。如社会化服务组织向农户提供生产作业服务、技术服务、农资服务等，实现农户增产提质、节本增效和服务组织的轻资产、高回报运行。当前，农业生产托管服务实现了不改变土地承包经营关系下的适度规模经营。

四是多层次融合模式。如家庭农场、专业大户、农民专业合作社等主体积极发展农业产业化联合体，并通过与龙头企业对接，带动小农户打通从农业生产向加工、流通、销售、旅游等二三产业环节连接的路径，这种方式可以激发企业、新型农业经营主体和农户的发展潜力，在拓宽农民增收渠道的同时，催生更多新产业、新业态、新模式。随着经济社会的发展，新的利益联结机制也会不断发展、创新。

阅读链接

让社会工作融入乡村发展 ①

乡镇（街道）社会工作服务站是巩固脱贫攻坚成果同乡村振兴有效衔接的重要载体之一，也是解决基层民政力量和能力不足，践行"我为群众办实事"的有效路径。

2021 年 4 月 20 日，民政部办公厅印发《关于加快乡镇（街道）社工站建设的通知》，要求加强资金保障，统筹社会救助、养老服务、儿

---

① 参见赵莹莹:《专业社工助力乡村振兴提速》，人民政协网 2021 年 5 月 11 日。

童福利、社区建设、社会事务等领域政府购买服务资金及彩票公益金中用于老年人、残疾人、儿童和社会公益等支出资金，优先用于购买乡镇（街道）社会工作服务，统筹加快推进乡镇（街道）社工站建设进度。

对此，广东省民政厅已走在前面。由其发起实施的"双百计划"，从2017年起分两批建设407个镇（街）社工服务站，每个社工站配备3—8名社工，立足镇街、深入村居，为有需要群众、家庭、社区打通民政服务最后一米。

按照民政部统一部署，黑龙江省近日提出全省乡镇（街道）社工站"一年起步、三年铺开、五年建成"的思路目标，2021年，该省民政厅在全省遴选支持了20个省级乡镇（街道）社工站试点，同时，要求市、县两级同步开展试点工作，全省共计建设100个乡镇（街道）社工站，"十四五"时期末，全省建设乡镇（街道）社工站实现全覆盖。

乡镇（街道）社工站建设即将铺开，社会工作如何更好助力乡村社会发展？

中民社会救助研究院执行院长宋宗合表示，在做好生活保障的同时，要注重救助对象的能力提升、社会融入和心理健康，支持引导社工机构开展专业服务，链接救助资源、对接服务项目、衔接相关政策、提高救助水平。

"建议积极推行政府购买服务，运用市场机制配置服务资源，提高服务效率和群众满意度。加强制度衔接，形成救助合力，切实兜住兜牢民生底线。"在宋宗合看来，随着各地乡镇（街道）社工站建设，越来越多的社工人才将深入社区村舍，走进田间地头，把服务对象由特殊人群拓展至普通人群，引导农村各类群体在乡村振兴领域的参与和互动，加快乡村振兴步伐。

第 八 章

组织领导

. . .

　　党管农村工作是我们党的优良传统，重视并且抓好党的农村基层组织建设是党员干部的政治责任。在革命、建设、改革各个历史时期，我们党都把解决好"三农"问题作为关系党和国家事业全局的根本性问题，始终牢牢掌握党对农村工作的领导权。1999 年 2 月发布实施的《中国共产党农村基层组织工作条例》，作为党的农村基层组织建设的基本法规，为推进农村基层组织建设、夯实党在农村的执政基础提供了重要制度保证。2018 年 11 月 26 日，中共中央政治局审议通过修订的《中国共产党农村基层组织工作条例》，自 2018 年 12 月 28 日起施行。自 2019 年 8 月 19 日起，《中国共产党农村工作条例》（以下简称《农村工作条例》）开始施行。这是我们党的历史上首次制定的关于农村工作的党内法规。《农村工作条例》围绕实施乡村振兴战略，强化农业农村优先发展的政策导向，明确五级书记抓乡村振兴的领导责任，提出加强党对农村经济建设、社会主义民主政治建设、社会主义精神文明建设、社会建设、生态文明建设的领导和农村党的建设的主要任务。《农村工作条例》的颁布实施将有助于更好地把党集中统一领导的政治优势转化为推动乡村振兴的行动优势。

一、加强党对"三农"工作的全面领导

习近平总书记反复强调，"党管农村工作是我们的传统，这个传统不能丢""农村基层党组织是农村各个组织和各项工作的领导核心""无论农村社会结构如何变化，无论各类经济社会组织如何发育成长，农村基层党组织的领导地位不能动摇、战斗堡垒作用不能削弱"。这些重要论述，继承了党领导"三农"工作的优良传统，深刻阐述了加强基层党组织建设的极端重要性，抓住了乡村振兴的基础和关键。全国农村基层党组织、农村党员广泛分布在乡村大地，具有团结带领亿万农民创造美好幸福生活的强大组织力。在推动实施乡村振兴战略的进程中，必须把农村基层党组织建设摆在更加突出的位置来抓，充分发挥农村基层党组织的战斗堡垒作用和党员的先锋模范作用。

当前，农村基层党组织建设总体上是坚强的、有战斗力的，但还存在一些问题，如仍有少数农村基层党组织软弱涣散，部分农村基层党组织动员能力弱，带领群众脱贫致富能力不强；部分农村基层党员干部能力不足，作风不实，宣传政策不及时，执行政策不精准，落实政策不到位，甚至优亲厚友、"雁过拔毛"。因此，要紧紧围绕坚持和完善党的领导制度体系，全面加强农村基层党组织建设。

（一）加强农村基层党组织建设

农村基层党组织是党在农村全部工作和战斗力的基础，加强农村党的建设，尤其是基层党组织建设，是党的农村工作的主要任务之一。各级党委（党组）一定要从巩固党的执政基础的高度出发，始终坚持农村基层党组织领导地位不动摇，特别是县级地方党委要把加强党的农村基层组织建设作为管党治党的重要任务抓紧抓好，推动农村基层党组织全面进步、全面过硬，为新时代乡村全面振兴提供坚强政治和组织保证。

《农村工作条例》第十九条规定："加强农村党的建设。"农村基层党组织是党直接联系群众的纽带，是党的理论和路线方针政策的直接执行者，是推进乡村振兴走好"最后一公里"的关键。新形势下农村基层党建工作开展得怎么样，直接影响到农村基层党组织的凝聚力、影响力、战斗力。近年来，各级组织部门及有关部门积极落实党中央要求，采取有效措施，持续开展软弱涣散基层党组织整顿，党的农村基层组织不断夯实加强，巩固了农村基层党组织的战斗堡垒地位。下一步，要深入抓党建促乡村振兴，充分发挥农村基层党组织领导作用和党员先锋模范作用。大力开展乡村振兴主题培训。选优配强乡镇领导班子特别是党政正职。充实加强乡镇工作力量。持续优化村"两委"班子特别是带头人队伍，推动在全面推进乡村振兴中干事创业。派强用好驻村第一书记和工作队，健全常态化驻村工作机制，做到脱贫村、易地扶贫搬迁安置村（社区）、乡村振兴任务重的村、党组织软弱涣散村全覆盖，推动各级党组织通过驻村工作有计划地培养锻炼干部。加大在青年农民特别是致富能手、农村外出务工经商人员中发展党员力度。强化县级党委统筹和乡镇、村党组织引领，推动发展壮大村级集体经济。常态化整顿软弱涣散村党组织。

（二）加强农村基层党组织对村级各类组织的领导

村看村、户看户、农民看支部。农村基层党组织是团结带领群众推进乡村振兴战略的坚强堡垒，是农村各个组织和各项工作的领导。《中国共产党农村基层组织工作条例》第十九条规定："党的农村基层组织应当加强对各类组织的统一领导，打造充满活力、和谐有序的善治乡村，形成共建共治共享的乡村治理格局。"《乡村振兴促进法》第四十二条明确规定："中国共产党农村基层组织，按照中国共产党章程和有关规定发挥全面领导作用。村民委员会、农村集体经济组织等应当在乡镇党委和村党组织的领导下，实行村民自治，发展集体所有制经济，维护农民合法权益，并应当接受村民监督。"要加强和改善村党组织对村级各类组织的领导，建立健全以基层党组织为领导、村民自治组织和村务监督组织为基础、集体经济组织和农民合作组织为纽带、其他经济社会组织为补充的村级组织体系。推行农村基层党组织书记通过法定程序担任村民委员会主任，以及村"两委"班子成员交叉任职。要扩大农村基层党组织覆盖面，可以根据需要，在农业企业、农民合作社、社会组织等成立党组织。

（三）加强基层党组织带头人队伍建设

队伍建设是实施乡村振兴战略的基础支撑。《农村工作条例》第二十条规定："各级党委应当把懂农业、爱农村、爱农民作为基本要求，加强农村工作队伍建设。各级党委和政府主要负责人应当懂'三农'、会抓'三农'，分管负责人应当成为抓'三农'的行家里手。加强农村工作干部队伍的培养、配备、管理、使用，健全培养锻炼制度，选派优秀干部到县乡挂职任职、到村担任第一书记，把到农村一线工作锻炼、干事创业作为培养干部的重要途径，注重提拔使用实绩优秀的农村工作干部。"

火车跑得快，全靠车头带。基层党组织强不强，关键看带头人。要培养千千万万名优秀的农村基层党组织书记，注重培养选拔有干劲、会干事、作风正派、办事公道的同志，加大力度，从本村致富能手、外出经商务工人员、高校毕业生、退伍军人等优秀党员干部中培养选拔。要注重提升现任党组织书记的能力和水平，加强面向基层党支部书记的培训，实施村党组织带头人整体优化提升行动。加强村级后备力量储备，确保源头活水充足。加大从优秀村党组织书记中选拔乡镇领导干部、考录乡镇公务员、招聘乡镇事业编制人员的力度，调动村干部干事创业的积极性。要健全村"两委"成员候选人由县级组织、民政部门会同有关部门进行资格联审机制，全面排查清理受过刑事处罚、存在"村霸"和涉黑涉恶等问题的村干部。建立选派第一书记机制，对脱贫村、易地扶贫搬迁安置村（社区），继续选派第一书记和工作队，将乡村振兴重点帮扶县的脱贫村作为重点，加大选派力度。

（四）发挥党员在乡村振兴中的先锋模范作用

党员是党的肌体的细胞。据中国共产党党内统计公报显示，截至2021年6月5日，全国9514.8万名党员中，农牧渔民党员有2581.7万名，这些党员是我们党在农村的基本队伍。《中国共产党农村基层组织工作条例》第四十条规定："农村党员应当在社会主义物质文明建设和精神文明建设中发挥先锋模范作用，带头投身乡村振兴，带领群众共同致富。"

　　要充分利用好、发挥好农村党员干部的先锋模范作用，组织党员在议事决策中宣传党的主张，执行党组织决定，在应对急难险重任务和重大考验时能够挺身而出，成为群众的主心骨。要探索创新党员联系群众的方式方法，发扬党联系群众、动员群众的优良传统，开展党员联系农户、党员户挂牌、承诺践诺、设岗定责、志愿服务等活动，推动党员在乡村振兴中带头示范，带动群众全面参与，引导农民群众自觉听党话、感党恩、跟党走。

二、党的农村工作的指导思想和必须遵循的原则

（一）党的农村工作的指导思想

　　《农村工作条例》明确了党的农村工作的指导思想。党的农村工作的指导思想是必须高举中国特色社会主义伟大旗帜，坚持以马克思列宁主义、毛泽东思想、邓小平理论、"三个代表"重要思想、科学发展观、习近平新时代中国特色社会主义思想为指导，增强政治意识、大局意识、核心意识、看齐意识，坚定道路自信、理论自信、制度自信、文化自信，坚决维护习近平总书记党中央的核心、全党的核心地位，坚决维护党中央权威和集中统一领导，紧紧围绕统筹推进"五位一体"总体布局和协调推进"四个全面"战略布局，坚持稳中求进工作总基调，贯彻新发展理念，落实高质量发展要求，以实施乡村振兴战略为总抓手，健全党领导农村工作的组织体系、制度体系和工作机制，加快推进乡村治理体系和治理能力现代化，加快推进农业农村现代化，让广大农民过上更加美好的生活。

习近平总书记多次强调，党管农村工作是我们的传统。《农村工作条例》以习近平新时代中国特色社会主义思想为指导，对党管农村工作提出了总体要求。

一是深入贯彻习近平总书记关于"三农"工作的重要论述。习近平总书记关于"三农"工作的重要论述是我们党"三农"理论创新的重要成果，是做好新时代党的农村工作的行动指南和基本遵循。《农村工作条例》深入贯彻习近平总书记关于"三农"工作的重要论述，把习近平总书记关于"三农"工作的新理念新思想新战略充分体现到了党的农村工作的总体要求当中。

二是强化目标导向和问题导向。党的农村工作的落脚点是让广大农民群众过上更加美好的生活。围绕这个目标，《农村工作条例》强调要以实施乡村振兴战略为总抓手，加快推进乡村治理体系和治理能力现代化，加快推进农业农村现代化。针对当前城乡发展不平衡、乡村发展不充分的问题，《农村工作条例》强调，坚持把解决好"三农"问题作为全党工作重中之重，把解决好吃饭问题作为治国安邦的头等大事，坚持农业农村优先发展，坚持多予少取放活，推动城乡融合发展，集中精力做好脱贫攻坚、防贫减贫工作，走共同富裕道路。

三是坚持继承和创新相结合。党的十八大以来，党的农村工作有许多重大的理论创新、制度创新、实践创新。《农村工作条例》既体现了党领导农村改革发展的宝贵经验，也充分吸收了党的农村工作最新成果，特别是紧密结合实施乡村振兴战略、打赢脱贫攻坚战等重大决策部署，更好地贴近当前农村实际，体现了与时俱进的时代性。

（二）党的农村工作必须遵循的原则

《农村工作条例》结合党管农村工作的长期实践经验，把握新时代农村工作规律，提出党的农村工作必须遵循以下 6 项原则：坚持党对农村工作的全面领导；坚持以人民为中心；坚持巩固和完善农村基本经营制度；坚持走中国特色社会主义乡村振兴道路；坚持教育引导农民听党话、感党恩、跟党走；坚持一切从实际出发。

党政军民学，东西南北中，党是领导一切的，《农村工作条例》把坚持党对农村工作的全面领导作为首要原则，确保党在农村工作中始终总揽全局、协调各方，保证农村改革发展沿着正确的方向前进。我们党自成立以来就一直把依靠农民、为亿万农民谋幸福作为重要使命，《农村工作条例》强调要坚持以人民为中心，尊重农民主体地位和首创精神，切实保障农民物质利益和民主权利，把农民拥护不拥护、支持不支持作为制定党的农村政策的基本依据。

农村基本经营制度是党在农村政策的基石，必须毫不动摇地坚持，因此，《农村工作条例》把坚持巩固和完善农村基本经营制度列为党的农村工作的原则之一。我国乡村振兴道路怎么走，只能靠我们自己去探索。《农村工作条例》强调坚持走中国特色社会主义乡村振兴道路，推进乡村产业振兴、人才振兴、文化振兴、生态振兴、组织振兴。做好党的农村工作，必须加强党在农村的群众工作，密切党同农民群众的血肉联系。《农村工作条例》要求坚持教育引导农民听党话、感党恩、跟党走，把农民群众紧紧团结在党的周围，筑牢党在农村的执政基础。我国各地情况千差万别，必须科学把握乡村的差异性，因地制宜、精准施策。《农村工作条例》明确坚持一切从实际出发，分类指导、循序渐进，不搞强迫命令、不刮风、不一刀切。

（三）党领导农村工作的体制机制

完善党领导农村工作体制机制，是强化各级党委对农村工作领导责任、把党管农村要求落到实处的根本举措。《农村工作条例》紧密结合实际，对党领导农村工作体制机制作出了全面规定。

一是明确了中央统筹、省负总责、市县乡抓落实的农村工作领导体制，构建了职责清晰、分工负责、合力推进的责任体系。

二是明确了党中央和省、市、县级党委领导农村工作的主要任务。《农村工作条例》规定党中央全面领导农村工作，决定农村工作的大政方针、重大战略、重大改革，定期研究农村工作，每年召开农村工作会议，制定出台中央指导农村工作的文件。《农村工作条例》还分别规定了省、市、县级党委抓农村工作的职责任务。

三是明确了农村工作领导小组的设置和职责。党中央设立中央农村工作领导小组，发挥农村工作牵头抓总、统筹协调等作用，对党中央负责，向党中央和总书记请示报告工作。省、市、县级党委也应当设立农村工作领导小组，省、市级一般由同级党委副书记任组长，县级由县委书记任组长。

四是明确了党委农村工作部门的职能，包括决策参谋、统筹协调、政策指导、推动落实、督导检查等。

三、健全乡村振兴考核落实机制

实施乡村振兴战略是一项复杂的系统工程，在发挥农民主体作用、引导社会力量参与的同时，要充分发挥政府的引领、组织、推动和服务作用。通过建立健全目标责任制和考核评价机制，实施报告和监督检查制度，使各级党委和政府及有关部门在推进乡村振兴战略过程中明确目标、有的放矢、强化责任，从而使乡村振兴战略落到实处。

（一）完善乡村振兴目标责任制

《乡村振兴促进法》第九条明确规定："国家建立健全中央统筹、省负总责、市县乡抓落实的乡村振兴工作机制。各级人民政府应当将乡村振兴促进工作纳入国民经济和社会发展规划，并建立乡村振兴考核评价制度、工作年度报告制度和监督检查制度。"机制的建立健全需要组织职能和岗位责权的配置与调整以及相应的规章制度保障。在推进乡村振兴过程中建立科学的目标责任制和考核评价制度，通过任务层层分解和考核督查问责，提高各级党委和政府的重视程度，避免不作为和慢作为，同时防止个别地区在推进过程中出现一刀切、乱作为等情况。①

在脱贫攻坚期间，中共中央办公厅、国务院办公厅印发了《脱贫攻坚责任制实施办法》，形成了中央统筹、省总负责、市县落实的工作机制，构建起责任清晰、各负其责、合力攻坚的责任体系。在推进乡村振兴战略中可借鉴脱贫攻坚的做法，建立乡村振兴目标责任制、"五

---

① 如 2018 年湖南省成立了乡村振兴领导小组，由党组书记、主任担任组长，在领导小组设立 4 个工作组，负责乡村治理、产业振兴、农村改革等相关工作。福建省成立了乡村振兴战略领导小组，并在省委农村工作领导小组办公室设立办公室的同时，设立专项小组，由省直牵头单位主要负责人（省委部门分管领导）担任专项小组组长，负责制定工作方案并统筹推进专项重点任务落实，并要求市、县、乡比照省委做法成立乡村振兴战略领导小组。

大振兴"（乡村产业振兴、人才振兴、文化振兴、生态振兴、组织振兴）和乡村建设的推进机制，进一步夯实乡村振兴各地各部门责任。由党中央、国务院负责统筹制定乡村振兴大政方针，协调全局性重大问题以及全国性重大问题；省级党委和政府负责本区域内的乡村振兴工作，并确保层层落实，省级主要负责人每年向党中央报告工作进展情况；市级负责本区域内跨县项目，对乡村振兴工作进行督促、检查和监督，县级则承担乡村振兴的主体责任，负责乡村振兴工作的实施规划，优化配置，组织落实各项政策措施等主要工作。

根据《农村工作条例》的规定，实行市县党政领导班子和领导干部推进乡村振兴战略实绩考核制度，将抓好农村工作特别是推进乡村振兴战略实绩作为政绩考核的重要内容，由上级党委统筹安排实施，考核结果作为对市县党政领导班子和有关领导干部综合考核评价的重要依据。

（二）建立乡村振兴评估制度

评估制度可以对阶段性的工作进行评价，通过评估数据也可对未来一段时间内的工作进行有针对性的部署。《乡村振兴促进法》要求建立乡村振兴工作进展指标和统计体系，并且据此对乡村振兴的实施情况进行评估。通过对标对表的评估形式，可以有效贯彻落实《乡村振兴促进法》的规定，测度乡村振兴工作的进展程度以及发展水平。

1. 乡村振兴进展指标

党中央高度重视乡村振兴战略的实施，《乡村振兴战略规划（2018—2022年）》作出了"三步走"的战略部署：到2020年，乡村振兴取得重要进展，制度框架和政策体系基本形成；到2035年，乡村振兴取得决定性进展，农业农村现代化基本实现；到 2050 年，乡村全面振兴，农业强、农村美、农民富全面实现。《乡村振兴战略规划（2018—2022 年）》明确了到 2022 年乡村振兴的重点任务，提出了 22 项具体指标，其中约束性指标 3 项、预期性指标 19 项，涉及产业兴旺、生态宜居、乡风文明、治理有效、生活富裕 5 个方面。但各地乡村具有多样性、差异性，地域的多样性导致了评价标准的差异，不同地区在同一目标上的绝对指标数值不具有可比性，《乡村振兴促进法》的第四条第（五）款将"坚持因地制宜、规划先行、循序渐进，顺应村庄发展规律，根据乡村的历史文化、发展现状、区位条件、资源禀赋、产业基础分类推进"作为全面实施乡村振兴战略遵循的原则之一，各乡村应发挥基层首创精神，着力发展自己的优势，走差异化发展的特色乡村振兴之路。

因此，需要建立既能够综合反映某一个地区乡村振兴总体进展情况，又能够方便不同地区互相比较的综合性评价体系。在地方实践中，地方根据自身实际情况适当调整评价指标体系。[①]建立科学的、完善的乡村振兴进展评价体系，有利于形成更加富有动力、因地制宜、统筹协调的乡村振兴新格局。

2. 乡村振兴发展评估

要确保乡村振兴各项目标任务的完成，就必须加强乡村振兴战略规划的定期跟踪评估，通过考核评估层层压实各地各部门推进乡村振

---

① 如浙江省湖州市将乡村振兴发展指数指标设定为 5 个一级指标、14 个二级指标、34 个三级指标和 40 个具体指标。发挥湖州市城乡协调发展和生态环境优势，统筹城乡经济、社会、生态、文化发展，以全域建设美丽乡村为重点，加快推进城乡融合发展，全面推进乡村振兴。

兴的责任。

在确定乡村振兴发展指标的基础上，依据各项指标对乡村振兴发展工作开展评估，从而可以得到一个相对全面、客观、真实、有效的评估结果。在脱贫攻坚过程中，有一些成熟且行之有效的评估模式，如第三方评估机制等，在乡村振兴中可以借鉴，也可在必要时邀请相关领域的专家，提升评估的公开性、公正性和透明性。比如，为了贯彻落实乡村振兴工作，2021 年 5 月 31 日，中国人民银行、中国银行保险监督管理委员会联合发布了《金融机构服务乡村振兴考核评估办法》，将金融机构服务乡村振兴考核评估指标分为定量和定性两类。其中，定量指标权重 75%，定性指标权重 25%。评估定量指标包括贷款总量、贷款结构、贷款比重、金融服务和资产质量 5 类。定性指标包括政策实施、制度建设、金融创新、金融环境、外部评价 5 类。并将评估等次分优秀、良好、一般、勉励 4 档，定期将评估结果抄送农业农村部等相关部门，评估结果作为中国人民银行和银保监会开展工作的重要参考依据。

对乡村振兴战略实施情况进行评估，能够了解和掌握国家有关乡村振兴促进各项政策措施落实情况、国家机关履行职责情况、有关部门和单位推进工作情况以及乡村振兴推进中面临的实际困难和问题等，从而引导促进有关部门和单位不断改进工作。也可将实施乡村振兴战略的评估结果作为选拔任用领导干部、评先奖优、资金分配、项目安排、试点选定、问责追责的重要依据。

（三）建立乡村振兴报告制度

政府工作报告是各级政府回顾阶段性工作，设定当前工作任务，以及加强政府自身建设的一种方式。听取、审查报告是上级政府监督下级政府、各级政府监督其工作部门执行情况的主要方式。向本级人民代表大会或其常务委员会报告是实现人大对乡村振兴工作监督的重要途径。人大监督是法律规定的一项重要制度，是外部监督的一种重要手段。发挥人大监督在乡村振兴中的重要作用，有助于本级人民政府在乡村振兴工作中更好规范自身的行为。各级政府通过向人大报告工作也可适时调整工作中出现的问题。《农村工作条例》第二十九条规定："各省（自治区、直辖市）党委和政府每年向党中央、国务院报告乡村振兴战略实施情况，省以下各级党委和政府每年向上级党委和政府报告乡村振兴战略实施情况。"

1. 向人大报告工作

各级政府作为同级人大的执行机关需要向人大报告工作，听取政府的工作报告是人大行使监督权的一种方式。《各级人民代表大会常务委员会监督法》第八条第一款规定："各级人民代表大会常务委员会每年选择若干关系改革发展稳定大局和群众切身利益、社会普遍关注的重大问题，有计划地安排听取和审议本级人民政府、人民法院和人民检察院的专项工作报告。"《乡村振兴促进法》第九条第二款规定："各级人民政府应当将乡村振兴促进工作纳入国民经济和社会发展规划，并建立乡村振兴考核评价制度、工作年度报告制度和监督检查制度。"

政府向人大报告工作，不仅包括年度的全国人民代表大会，还包括人大常委会会议。所不同的是，在全国人民代表大会上报告的是政府全面的、主要的工作，平时在人大常委会会议上报告的是政府专项工作报告，人大可以通过听取和审议政府的乡村振兴专项工作报告，对乡村工作中比较集中的问题提出意见或建议，这对政府更好地改进工作大有裨益。根据《中华人民共和国地方各级人民代表大会和地方各级人民政府组织法》规定，县级以上人大才设常委会，乡镇一级人大不设常委会。因此，《乡村振兴促进法》第七十条规定："乡镇人民政府应当向本级人民代表大会报告乡村振兴促进工作情况。"

乡村振兴促进专项工作报告的意义在于，一方面，汇报年度或半年的乡村振兴促进工作情况以及工作进展，让人大了解当地的乡村振兴工作的具体情况、未来的规划，以及本级政府在其中所起到的作用；另一方面，也要发挥人大监督的作用，人大在听取报告的同时也可就群众集中反映的问题提出意见或建议。

2. 向上级政府报告工作

上下级政府之间存在组织隶属关系，因而下一级政府应当向上一级政府报告工作。《乡村振兴促进法》第七十一条规定："地方各级人民政府应当每年向上一级人民政府报告乡村振兴促进工作情况。"将乡村振兴工作纳入下级政府向上一级政府报告的范畴，具有重要意义：其一，有利于提高政府在乡村工作中的公信力；其二，有利于对政府促进乡村振兴工作进行监督；其三，有利于对政府开展乡村振兴工作的阶段性总结，推动下一步工作开展。《农村工作条例》第二十九条规定，各级党委、政府向上一级党委和政府报告乡村振兴战略实施情况。当前，根据中央农村工作领导小组办公室印发的《关于建立推进乡村振兴战略实绩考核制度的意见》《关于进一步做好实施乡村振兴战略实绩考核工作的通知》等文件精神要求，每年3月底前，各省级党委农村工作领导小组办公室要将乡村振兴战略的考核工作情况、考核结果以及对考核的运用情况报送至中央农村工作领导小组办公室，中央农村工作领导小组办公室每年汇总全国的乡村振兴战略实施情况向党中央、国务院报告，省以下各级党委和政府每年向上级党委和政府报告乡村振兴战略实施情况。

3. 协调推进机制

国家发展和改革委、农业农村部会同有关部门建立了规划实施协调推进机制，定期跟踪规划确定的重点任务和重大工程、行动、计划进展情况，调度汇总各相关部门乡村振兴规划实施情况，每年向党中央、国务院报告规划实施进展情况。

2019 年，各部门联合向党中央、国务院提交了《乡村振兴战略规划实施报告（2018—2019 年）》，报告内容包括规划实施和实践探索两篇，详细说明乡村振兴战略规划的实施情况，特别是围绕规划提出的 82 项重大工程、重大行动、重大计划，分项反映实施进展情况，并将各省汇报的乡村振兴工作情况汇总，总结乡村振兴典型范例，进行深入报道。为全国下一步乡村振兴战略的深入推进提供可以借鉴的经验，积蓄更多力量，凝聚更多共识，营造推进乡村振兴战略的良好舆论氛围。2021 年 7 月，农业农村部、国家发展改革委同有关部门发布了《乡村振兴战略规划实施报告（2020 年）》，总结了《乡村振兴战略规划（2018—2022 年）》确定的重点任务和重大工程、行动和计划推进的情况。

（四）建立乡村振兴工作监督检查制度

政府内部监督是推动职责落实的重要方式，无论在监督的适用范围上，还是在监督手段的灵活运用上，都有其他监督形式所无法比拟的优越条件。更好实现层层压实责任，级级传导压力，是在乡村振兴工作中设置一般检查监督制度的原因。

2018 年、2019 年、2021 年的中央一号文件均强调对考核结果的应用，将考核结果作为选任领导干部的重要依据。2022 年中央一号文件提出，鼓励地方对乡村振兴战略实绩考核排名靠前的市县给予适当激励，对考核排名靠后、履职不力的市县进行约谈。此外，在推进乡村振兴战略的进程中，农业农村优先发展优先保障机制是否落实，乡村振兴资金是否切实发挥作用至关重要。要设立相关的专项监督，构建良好的财政运行机制，建立实施乡村战略的财政投入和保障制度，调整和优化财政收支规模和结构，提高资金的配置和管理的效率。《乡村振兴促进法》第七十二条规定："县级以上人民政府发展改革、财政、农业农村、审计等部门按照各自职责对农业农村投入优先保障机制落实情况、乡村振兴资金使用情况和绩效等实施监督。"

1. 开展乡村振兴实施情况督查

在乡村振兴工作中要求建立考核评估机制，考核不是目的而是一种手段，要加强对考核结果的应用。① 要将脱贫攻坚的成果加以巩固拓展，并纳入乡村振兴的考核，可以借鉴在脱贫攻坚工作中的经验和做

---

① 2018 年中央一号文件指出，将考核结果作为选拔任用领导干部的重要依据。2019 年中央一号文件指出，严格督查考核，加强乡村振兴统计监测工作，加强考核结果应用。2021 年中央一号文件提出，加强党委农村工作领导小组和工作机构建设，要求强化其督促检查等职能，定期调度工作进展。2021 年中央一号文件强调，健全乡村振兴考核落实机制，加强考核结果应用，注重提拔使用乡村振兴实绩突出的市县党政领导干部。而对考核排名落后、履职不力的市县党委和政府主要负责同志进行约谈，建立常态化约谈机制。《农村工作条例》第三十一条规定，地方各级党政领导班子和主要负责人农村工作履职不力、工作滞后的，上级党委应当约谈下级党委，本级党委应当约谈同级有关部门。2022 年中央一号文件提出，开展省级党政领导班子和领导干部推进乡村振兴战略实绩考核。完善市县党政领导班子和领导干部推进乡村振兴战略实绩考核制度，鼓励地方对考核排名靠前的市给予适当激励，对考核排名靠后、履职不力的进行约谈。

法。比如，湖北省实行年考核制，将考核结果分为 A（优）、B（良）、C（中）、D（差）4 个等级，对进入 A、B 等级的以省级名义通报表扬，并在财政专项资金分配和项目安排上给予奖励和倾斜，对连续 3 年为 A 等级的党委、政府主要领导予以表彰和提拔重用，而考核结果为 C、D 的则对其党委、政府主要领导进行约谈，并督促整改，连续两年为 D 的，对其党委、政府主要领导按干部管理权限进行组织调整。

2. 开展部门监督

根据职责分工，发展和改革部门负责提出农村经济和生态保护与建设发展战略、体制改革及有关政策建议，协调有关重大问题；衔接平衡农业、林业、畜牧、水产、水利、气象、生态及有关农村基础设施等发展规划、计划和政策。负责安排中央预算内投资，按照权限审批、核准、审核重大项目。因此，发展和改革部门对中央预算内投资负有监督检查职责。就具体工作层面，发展和改革部门应严格审查项目申请人的资质，尤其要加强事中事后监管。

推动全面实施财政涉农资金绩效管理。建立健全以结果为导向配置涉农资金的绩效管理机制，逐步将绩效管理涵盖所有财政涉农资金项目。建立全过程预算绩效管理链条，明确每一个环节的目标，强化预算、加强执行过程监管、及时开展完成后的绩效评价。比如，江苏省扬州市在涉农资金绩效管理上，科学设置绩效目标，及时对绩效目标完成情况进行评价，并将评价结果作为今后安排项目资金的依据之一，着力提高资金的使用效益。深入推进财政涉农资金管理内控建设。加强对涉农资金的管理，建立及时有效的风险应对机制，并通过数字化信息对涉农方面的重大项目开展情况实施监控。加强涉农资金管理制度和内控制度建设，建立健全及时有序的风险应对机制，运用信息技术手段对重大业务开展监控。推动涉农资金业务内控建设向基层财政延伸，形成一级抓一级、层层抓落实的局面。

根据《乡村振兴促进法》的规定，农业农村主管部门负责乡村振兴促进工作的统筹协调、指导和监督检查。在专项监督中，农业农村主管部门也要发挥其特有作用。要对农业农村投入优先保障机制落实情况进行监督。具体来看，即监督是否把实现乡村振兴作为共同意志、共同行动，做到认识统一、步调一致，在干部配备上是否优先考虑，在要素配置上是否优先满足，在资金投入上是否优先保障，在公共服务上是否优先安排，是否突出农业农村短板弱项。在乡村振兴资金使用情况方面，农业农村主管部门要强化监督。对农业生产发展等专项资金实行"大专项＋任务清单"的管理模式，除去约束性任务的资金不可以统筹，各省对其他资金在本专项的支出范围和任务清单内都可以统筹安排。

因此，在推进乡村振兴过程中，应当全面落实预算信息公开的要求，做到公开、透明、可被监督，并且应当加强对乡村振兴发展资金分配、使用、管理情况的监督检查工作，及时纠正问题，根据财政计划开展监督检查，并形成监管报告。而对乡村振兴发展资金的使用管理也应实行绩效评价制度，将其结果作为资金分类的重要依据。

审计监督是《宪法》和《审计法》赋予审计机关的基本职责，具有独立性、权威性、公正性的特点。审计部门依法独立检查被审计单位与农业财政投资相关的会计和财务收支资料及资产，监督被审计单位财政、财务收支的真实性、合法性和效益，使农业财政投资在公共财政的体制框架下发挥对农业发展的重要作用，为农业农村发展保驾护航。在对乡村振兴发展资金审计监督过程中，要从投入到使用、从管理到绩效对其进行全过程审查监督，保障资金专款专用，注重效益。

中央和地方党政机关各涉农部门应当认真履行贯彻落实党中央关于农村工作各项决策部署的职责，贴近基层，服务农民群众，不得将部门职责转嫁给农村基层组织。不履行或者不正确履行职责的，应当依照有关党内法规和法律法规予以问责。地方各级党政领导班子和主要负责人不履行或者不正确履行农村工作职责的，应当依照有关党内法规和法律法规予以问责；对农村工作履职不力、工作滞后的，上级党委和政府应当约谈下级党委和政府，本级党委和政府应当约谈同级有关部门。此外，各级党委和政府也应当建立激励机制，鼓励干部敢于担当作为、勇于改革创新、乐于奉献为民，按照规定表彰和奖励在农村工作中作出突出贡献的集体和个人。

阅读链接

↓↓↓

农村基层党组织建设要展现新担当新作为①

党的十九届六中全会总结了党的百年奋斗重大成就和历史经验，在关键时刻一个个基层党组织展现出强大组织力，正是我们党百年奋斗的重大成就。全会公报提到，要继续推进新时代党的建设新的伟大工程。基层党组织建设，要从党的百年奋斗历程中汲取营养，加强对党建和组织工作重要方针政策的综合研究，在推动组织工作高质量发

---

① 参见周蜜:《农村基层党组织建设要展现新担当新作为》，大江网2022年3月4日。

展上展现新担当新作为。而农村党支部是党最基本的组织，是党全部工作和战斗力的基础。只有牢牢抓住农村基层党支部建设这个根本和关键，党的一切工作才能在基层落地、生根、见效。基层党组织扎根基层、直面群众，肩负着带领夯实党建基础，带领群众奔赴美好生活的直接责任。但是农村地区情况复杂，宗派、家族、"熟人"思想严重，村组干部存在"小农""等靠要"思想，缺乏开拓创新精神；一些基层党组织班子带头人能力不高，不懂政策法规，瞎指挥，发展思路不清晰。深化农村党支部建设，要从以下三个方面抓起。

以"三级链条"构筑起农村党组织建设堡垒。深化农村基层党支部建设，要全面构建起"镇党委＋村党总支＋党支部"的三级链条，彰显我们党强大的组织力和号召力。要明确目标，建立统一的标准化、规范化的村级党支部建设指南，确保各村级党支部开展建设有方向、有计划。要压实责任。压紧压实各村级党支部书记第一责任人工作职责，将完成党支部标准化规范化建设创建工作纳入各村级党支部书记抓党建述职评议考核内容，各级机关单位党委书记要加强对党支部的指导。

以"队伍建设"打造农村党组织建设核心。要加强农村基层党支部"带头人"队伍建设，以"选"为立足点，以"育"为关键点。优选，让能力强、威信高的党员挑大梁。把有市场经济头脑、熟悉农村工作的农村致富能人，回乡就业的大中专毕业生、复转军人、乡贤等优秀人才吸纳到村"两委"干部的队伍中，让群众心中的"当家人"带领群众发展农村、建设农村、富裕农村。优育，不断给农村基层"领头雁"充电、加油。加强对群众观念、群众工作方法和政策法律法规的培训，强化业务培训、实用技术技能培训，引导基层干部在带领群众发展农业和农业经济中，具有以市场为导向的敏锐度和增加产品的科技含量的基本功。

以"乡村振兴"引领农村基层党建提档升级。坚持把乡村振兴同基层党建工作有机结合起来，用乡村振兴强劲动力夯实农村基层党建系统。推动乡村组织振兴，"打造千千万万个坚强的农村基层党组织，提供源源不断的动力"。要完善基层党组织结构，扩大基层党组织的覆盖面，适应经济社会结构的调整、社会组织形态的变化、生产生活方式的转变，通过把党组织建在农民专业合作社、农村新型经营主体和农村产业链上，增强乡村振兴的组织力量。打通"互联网＋党务政务服务"的数字大动脉，用数据实现基层组织管理和组织创新。要加强基层党的制度建设的系统性、适用性、创新性和配套性，为乡村振兴提供制度支撑。让基层党建与乡村振兴工作互推互促，相得益彰。